Die *GOLDENE SCHERE*

Heitere Multikulti-Geschichten –
kultige *Multi-Geschichten* aus einem
türkischen Berbersalon in Deutschland

Manchmal nehmen die Dinge einfach ihren Lauf.
Eines schönen Tages hatte ich beschlossen, dass *er*
weg muss. All die Jahre hatte ich mit *ihm* gelebt.Im
Sommer hatte ich blonden dichten Flaum bemerkt, in
der dunklen Jahreszeit hatte er mir so manchen mit-
leidigen Blick und Spott beschert. Damit sollte endlich
Schluss sein. Auf der Suche nach einer fachgerech-
ten Eliminierung des Problems war ich ausgerechnet
im Rotlichtviertel meiner Stadt gelandet...

Cover-Foto: copyright bluehand

Herstellung und Verlag:
BoD - Books on Demand, Norderstedt
ISBN 978-3-8482-5864-2

Der Entschluss

Die Haare über der Lippe mussten weg! Ich konnte es nicht schönreden.

Wie jeden Morgen fiel auch heute früh mein allererster Blick im grellen Badezimmerlicht auf meinen *Schnurri*. So hatte ein guter Freund liebevoll meinen Damenbart genannt. Dunkel, piksig und unansehnlich kämpften sich Haare durch meine Haut an die Oberfläche. Ich stand nicht allein da. Und dennoch: auch wenn manch eine dunkelhaarige, arabische, orientalische Frau mit dem Bartwuchs ein größeres Optik-Problem als ich köterblonde Deutsche hatte, fasste ich den Entschluss: die Haare über der Lippe mussten weg.

Schon einmal hatte ich einen Anlauf genommen.Eine Freundin hatte mir von der türkischen Methode der Haarentfernung per Fadentechnik – einer jahrhundertealten Tradition - erzählt. Sie selbst hatte es auch schon ausprobiert und es das "flammende Band" genannt. Wie das funktionierte? In Windeseile wurden mit einem Nähgarnfaden kleinste Schlaufen gebildet, diese mit geschicktem Handgriff um die Haarwurzel gelegt und schon waren die unliebsamen Haare weg - für eine Zeit zumindest. Regelmäßige Anwendung, so hatte mir meine Freundin versichert, versprach tolle kosmetische Ergebnisse.

Diese spannende Variante, die am besten ein Profi durchführte, hatte ich bereits vor ein paar Monaten ausprobiert. Bei Hatice im schicksten türkischen Salon der Stadt. Eine Damenbart-Leidgenossin hatte mir die Adresse empfohlen, die sich in der Fußgängerzone der Innenstadt in unmittelbarer Nähe des türkischen Viertels der Stadt befunden hatte. Auf dem Schild über der Tür hatte in großen Lettern KUAFÖR gestanden.

Ein türkischer *Kuaför* bietet neben dem klassischen Haareschneiden und Färben auch kosmetische Behandlungen an. In Hatices Salon der Eitelkeiten hatten fast ausschließlich weibliche türkische

Schönheiten mit voller schwarzer, glänzender, Haarpracht auf dem Schopf verkehrt. Auf einem weißen Ledersofa wartend hatte ich mit ihnen Musikvideos auf *Türkisch MTV geglotzt*, hatte über den blitzblanken und hoch glänzenden Marmorboden gestaunt, bis mich Hatice zu sich auf den Kosmetikstuhl gebeten hatte.

Zum Auftakt hatte sie mein blasses Antlitz gemustert, meine köterblonden Haare. Ihr Blick hatte eine kleine Wanderung über meinen Körper angetreten, sie hatte meine Beine, meinen kurzen Rock, meine enganliegende Bluse mit dem tiefen Ausschnitt gemustert. Wortlos hatte sie mit der Garnschlaufen-Arbeit über meinem Mund begonnen. Hatice selbst war ganz in Schwarz gekleidet, sie trug einen bis über die Knie reichenden Rock, dazu ein hochgeschlossenes Shirt, ihr Gesicht umrahmte eine glänzende, buschige schwarze Haarpracht, um die ich sie sofort beneidet hatte.

Nach nur fünf Minuten hatte sie fertig gezupft. Meine Oberlippe war auf die gefühlte Größe eines Schlauchbootes angeschwollen, ein Blick in den Spiegel hatte es mir bestätigt: sie war dick und zudem puterrot. Ein pulsierender Schmerz hatte sich breit gemacht.

Meine Tränen waren ohne Unterlass wie kleine Rinnsale über meine Wangen gekullert. Die im Kosmetikbereich wartenden Kundinnen, an denen ich leise wimmernd vorbeigeschlichen war, hatten mir solida-risch zugenickt. Zwei Tage lang war meine Lippe ge-schwollen gewesen. Doch danach hatte sich ein atemberaubendes Ergebnis schöner, glatter Haut gezeigt. Obwohl das haarlose Glück nur zwei Wochen dauerte, hatte mich die Methode des flammenden Bandes überzeugt. Lediglich Hatices Fähigkeiten im Umgang damit nicht. Daher hatte ich mich im Kampf mit der Oberlippenbehaarung zunächst ergeben und mich dafür entschieden, meinen Damenbart erneut wachsen zu lassen.

Mein heute früh gefasster Entschluss nach dem morgendlichen kritischen Blick unter grellem

Badezimmerlicht in den erbarmungslos ehrlichen Vergrößerungskosmetikspiegel ließ mich erneut ins Amüsierviertel der Stadt pilgern. In mir wuchs der Wunsch, eine andere Adresse für die Haarentfernung per Fadentechnik aufzusuchen.

Vom türkischen Viertel aus und vor Hatices Salon stehend ließ ich meinen Blick umherschweifen. Nur ein paar Schritte über die Straße ging das türkische Viertel der Stadt nahtlos ins Amüsier- und Rotlichtviertel über. Inmitten von Dönerläden, Spielcasinos, schrägen Gestalten entdeckte ich unweit des Schicki-micki-Kuaför-Salons, in dem mich Hatice *malträtiert* hatte, die schrille Leuchtreklame *ALTIN MAKAS* und lief geradewegs wie von einem unsichtbaren Band gezogen drauf zu.

Eine haarige Sache

Die fröhliche, quietschgelbe Neonreklame über der Tür des türkischen Friseurladens stach mir sofort ins Auge. Darauf stand in blauen Großbuchstaben der Name *ALTIN MAKAS*, daneben prangte eine große gelbfarbene, Gold anmutende Schere.

Meine Augen scannten noch einmal die nähere Umgebung. In der Straße befanden sich eine Spielhölle mit bunt blinkenden Zockerautomaten und dem knallroten Schriftzug SPIELCASINO über der goldfarbenen Tür, Table-Dance-Bars, Döner-GrillImbisse, ein *Kulturzentrum für Deutsch-Türkische-Begegnungen* und weitere türkische Friseure.

Berührungsängste? Die gab es für mich nicht. Hier im Amüsierviertel hatte ich schon lange Nächte in Diskos durchgetanzt, die einst Bordelle waren. Multikulti im täglichen Leben gefiel mir.

Es war mitem im Hochsommer und ich trug ein raffiniertes Kleid aus weichem, Figur umspielenden Stoff mit tiefem Dekolletee. So betrat ich den kleinen, nur wenige Quadratmeter großen Barbierladen mit der großen, breiten Schaufensterscheibe. Bei *ALTIN MAKAS* herrschte hektische Betriebsamkeit: acht Friseurstühle - vier links, vier rechts - alle besetzt, grelles Neonlicht unter der Decke, freundlich in lindgrün gestrichene Wände mit sonnengelbem Abschluss aus Gips an der Deckenkante, Plastikblumen und andere undefinierbare Utensilien waren an die Wand genagelt. Hier gab es kein Schickimicki. Am Boden türmten sich jede Menge tiefschwarze Haarbüschel, die auf den Besen warteten, türkische Popmusik plärrte im Hintergrund, Rasiermaschinen surrten. In dem Laden befand sich keine einzige Frau. Die Friseure sahen fremdländisch aus.

Alle Anwesenden blickten auf einmal in meine Richtung. Für einen Moment war Stille im arabischen Mekka der Haarkunst. Gleich ganz vorn links an der großen Schaufensterfensterscheibe neben der Tür befand sich der Frisiersessel des Chefs in Paradeposition. Ein sportlich gebauter Typ mit Jeans und buntem, eng anliegenden T-Shirt, circa Ende 20, wandte sich freundlich an mich: „Ja bitte? Kann ich helfen?" Ich trat näher, denn gegen die Geräuschkulisse aus Stimmengewirr, Rasiergesurre und Musik kam ich nur schwer an.

Er schaltete die Rasiermaschine ab und sah mich erwartungsvoll an. „Sagen Sie, entfernen Sie auch Haare über der Lippe, machen Sie das mit diesem Band, also per Fadentechnik?" dabei gestikulierte ich wild umher, zeigte auf meine Oberlippe für den Fall, dass er mich vielleicht nicht versteht. Vor mir stand ein Mann mit dichtem, schwarzen Haar, super dunklen Augen und einem ordentlichen Drei-Tage-Bart (sicher erst am Morgen wegrasiert). Er blickte mich freundlich aus tiefschwarzen Augen an und meinte kurz und knapp: „Ja klar, das machen wir auch. Nur im Moment is schlecht, hab noch Kunden. Kommen Sie später wieder. 45 Minuten, geht das?!" *Natürlich ging das*, fuhr es mir durch den Kopf. Die Top-Einkaufsstraße war gleich um die Ecke, Shopping sollte mir ein wenig die Zeit vertreiben.

Ouvertüre

Eine dreiviertel Stunde später bot sich mir in dem kleinen türkischen Friseurladen exakt das gleiche Bild: grelles Neonlicht, jede Menge tiefschwarze Haarbüschel am Fliesenboden, surrende Rasiermaschinen, alle Augen kurz zu mir, Totenstille im Salon. Der Ladeninhaber lächelte sein warmes Lächeln und deutete mit dem Finger auf die breit geflieste Fensterbank vor dem Schaufenster, ich könne mich dorthin setzen, denn sein aktueller Kunde wurde gerade noch nass rasiert. Ich nickte, nahm Platz und schaute fasziniert der Nassrasur zu. Bei deutschen Friseuren sah ich so ein kleines Schauspiel noch nie. Die anderen Barbiere arbeiteten weiter und das große Staunen nahm ein Ende. Hier und da blinzelte einer verstohlen zu mir, der Deutschen im Kleidchen, rüber. Ich fühlte mich nicht unwohl sondern als Kundin willkommen. Mein Blick klebte noch immer neugierig bei der Nassrasur. Der Chef nahm eine kleine Schale, füllte sie mit ein wenig Wasser, fügte Rasierschaum hinzu und tunkte den buschigen Rasierpinsel zum Einschäumen hinein.

So hatte sich auch mein Vater schon rasiert. Damals wie heute faszinierte mich das Prozedere. Nur hatte mein Papa eine handelsübliche Nassrasur-Klinge benutzt und nicht so eine abenteuerlich aussehende lange, ultrascharfe Einzelklinge ohne Griff. Der Kunde vor mir saß dick eingeschäumt auf dem schwarzen Berberstuhl, vorsichtig und versiert wanderte das blitzende Rasiermesser wie von Geisterhand geführt über den Kehlkopf. Hinter dem Frisierstuhl fegte der schlaksige, blutjunge Azubi endlich die vielen dicken, schwarzen Haarbüschel zahlreicher Kunden zusammen. Plötzlich rempelte er mit dem Besenende versehentlich den Chef am Ellenbogen an, der hatte zu diesem Zeitpunkt die messerscharfe Klinge am Hals seines Klienten. Der bitterböse Blick des Chefs, seine lautstarke und überhaupt nicht mehr endende Tirade in fremder Sprache, seine unwirsch, wild durch die Luft fuchtelnde Hand, das alles war wie Kino für mich. In diesem Augenblick wünschte ich mir einen Dolmetscher herbei.

So begann ich, während ich wartete, insgeheim ein
kleines, mein ganz eigenes *Playback*-Spiel: ich
übersetzte im Geiste mit viel Fantasie die mir fremde
Sprache: *Du Vollidiot! Kannst du nicht aufpassen?
Siehst du nicht, dass ich hier gerade einen Kunden
rasiere?! Du bist echt zu nichts nutze! Ich sollte mal
mit deiner Mutter reden, Mann! Nicht mal fegen
kannst du. Hör sofort damit auf und räum hinten im
Lager lieber die Kisten weg, die da seit ´ner Woche
rumstehen!*

Von meiner Warteposition auf der Fensterbank
sitzend aus beobachtete ich den jungen türkischen
Berber-Azubi aus den Augenwinkeln. Der stand vor
Schreck zu einer Säule erstarrt da - mit offenem
Mund und weit aufgerissenen Augen, den Besen in
der Hand - machte sofort nach der Chefansage im
Laden kehrt, lehnte den Besen an ein Waschbecken
und zog sich in ein Hinterzimmer zurück.

Die gefährlich anmutende Nassrasur war beendet,
der arabisch aussehende Kunde schön glatt rasiert.
„So Junge, fertig, alles klar Mann?“ sagte der Chef
mit einem dicken Klopfer auf die Schulter. „Ja klar
Mann, Alter, echt cool. Danke.“ Er stand auf, ging zur
Kasse, zahlte, es folgten innige Umarmungen rechts
und links, angedeutete Bruderküsse auf die Wangen,
ein kumpelhaftes Klopfen auf die Oberarme und dann
war ich an der Reihe.

Auftakt

Der Chef krempelte die Ärmel seines knallroten Oberhemdes hoch, fuhr sich mit der einen Hand durch sein dichtes, glänzendes, schwarzes Haar, tänzelte kurz wie ein Preisboxer, positionierte sich und pustete mit laut heulendem Föhn die vielen tiefschwarzen Haarbüschel auf dem Friseurstuhl fort. Dann folgte eine freundliche, einladende Geste, seine rechte Hand zog einen Bogen durch die Luft in Richtung Stuhl, ich solle mich setzen.

Jetzt war es an der Zeit, dass ich noch ein paar vorsichtige Anmerkungen machte, damit er mir nicht auch noch die Augenbrauen bis auf eine schmale Linie zupfte, ging es mir durch den Kopf. „Ach bitte... nur hier über der Lippe, *NICHT* die Brauen und auch nirgendwo sonst im Gesicht, die Haare kommen sonst so schwarz nach." Mit dem Zeigefinger untermalte ich meinen Kundenwunsch. Zwei sehr dunkle Augen sahen mich fast schon genervt und ein wenig beleidigt an: „Klar. Mach ich. Schon mal Laser versucht? Soll auch gut sein, hab ich so gehört." *Na prima,* schoss es mir durch den Kopf, *kaum sitz ich hier, will er mich abwimmeln und empfiehlt mir diese schweineteure Lasertechnik.* Darüber hatte ich mich in meiner kosmetischen Verzweiflung bereits vor Jahren informiert. Es können Narben oder ein kleiner weißer Flaum über der Lippe zurückbleiben. Viele Sitzungen sind notwendig. Dunkel nachwachsende und piksende Haare müssen circa vier Wochen stehen bleiben, bis die nächste Laser-Behandlung erfolgen könne. *Nein Danke!*

Seine dunklen Augen sahen mich fragend an. Dieser Blick holte mich zurück ins Hier und Jetzt, zurück ins Frisiereldorado fremdländischer Männer. „Äh, ist das okay, wenn ich hierher komme?" fragte ich mit zaghafter Stimme, die fast im Rasiergesurre unterging.

Er beugte sich dicht zu mir herunter, um mich hören zu können. Seine Augen taxierten mich einen kurzen Moment im vor uns liegenden Frisierspiegel. Er roch männlich. Ein unglaublich freundliches Lächeln machte sich auf seinem Gesicht breit. So ein entwaffnen-des Lächeln konnte nicht lügen. „Klar, das geht klar." Ich seufzte zufrieden und die Prozedur *flammendes Band* konnte beginnen.

Handwerk

Der Berber holte verschiedene Garnrollen mit drei unterschiedlichen Fadenstärken aus einer Schublade unterm Waschbecken hervor. Ich war irre gespannt. Er begann mit der Prozedur, zog das erste Garn ungefähr einen Meter lang von der Rolle, das Ende klemmte er zwischen Schneide- und Eckzahn und riss an der anderen Seite das Ganze einmal mit der Hand ab. Der Faden blieb an einem Ende zwischen seinen blitzweißen Zähnen hängen und wurde dort *eingeklemmt*. Der andere Teil baumelte lose von dieser *Zahnbefestigung* aus seinem Mund. So ausgerüstet trat er dichter an mich heran.

In meine Nase stieg erneut sein männlicher Duft. Es war eine Mischung aus Aftershave, Zitrone, Zigarette und Körpergeruch. Nun zog er das lose baumelnde Ende straff und bildete mit seinen geschickten Fingern eine Art Dreieck. Innerhalb dieses Dreiecks bildete er eine kleine Schlaufe, die in Windeseile die Haare packte und mit der Wurzel herausriss. Zupf, Zupf, Zupf, so verschwand ein Haar nach dem anderen. Mir liefen vor Schmerzen salzige Tränen über die Wangen, sammelten sich an meinen Mundwinkeln. Das war mir echt peinlich. Der Berber brachte es mit wenigen Worten auf den Punkt: „Oh t'schuldigung. Das tut echt scheiße weh, ne? Na ja, die sind aber auch sehr lang."

Ich nickte stumm, wischte fix mit dem Zeigefinger eine Träne vom Mundwinkel fort, er hielt inne und massierte vorsichtig mit zwei Fingern von der Nase aus in beide Richtungen meiner Oberlippe nach außen. Mit leichtem Druck strich er immer wieder über die schmerzende Zone. *Oh super,* dachte ich, *dann ist die Haut nachher sicher schön gereizt und alles leuchtet feuerrot.* Seine Finger rochen gleichermaßen stark nach Kippe und frisch gepresster Zitrone, sie waren weich und sanft. Als könne er meine Gedanken lesen, lächelte er mich durch den Spiegel hindurch schelmisch an und setzte die Fadenprozedur nun mit einem dünneren Garnfaden fort, den er eigens aus einer Schublade

vom Nachbar-Waschbecken hervorkramte. Siehe da:
es tat weniger weh. Die kleine Massageeinheit zeigte
also Wirkung. Ein weiteres Mal wechselte er die
Garnstärke, betrachtete zwischendurch immer wieder
zufrieden sein Werk. So ging das gefühlt eine kleine
türkische Ewigkeit lang.

Im Hintergrund dudelte das x-te türkische
Popliedchen. Eine schöne Frauenstimme sang
stimmgewaltig Texte, von denen ich nichts verstand.
Nach dem schmerzhaften Einsatz des Garnfadens
griff der Meister des *flammenden Bandes* zu einer
goldfarbenen Mini-Pinzette und setzte immer wieder
und wieder an, um letzte kleine Härchen zu
erwischen. Sein kritischer Blick musterte mich unter
dem grellen Neonlicht. Jetzt müsste er eigentlich
fertig sein. Doch Nein! Er trat wieder dichter an mich
heran und weiter ging die Prozedur mit dem ganz
dünnen Faden. Dann steckte er Zeige- und
Mittelfinger in eine riesige Familien-Dose Nivea und
entnahm einen ordentlichen Berg davon. Seine
Fingerkuppen sahen aus wie der Mont Blanc im
tiefsten Winter. Sanft verteilten die rauchigen
Zitronenfinger die fettige Creme über meiner Lippe.
Als er kurz stoppte, wollte ich mich aus dem
Frisierstuhl erheben. „Nee, noch nicht fertig" erklang
es im Befehlston. Allein sein Blick drückte mich in den
Sitz zurück. Behutsam tupfte er die nicht eingezogene
Fettschicht mit einem Kosmetiktuch fort. Er griff zu
einer durchsichtigen Plastikflasche mit stark nach
Alkohol und Zitrone riechendem Wasser – der Duft
eines ganzen Zitronenhains zog in meine Nase. Das
war also der Geruch, der an seinen Fingern haftete.
Ich sagte: „Wow, das riecht ja toll" und erfuhr: „Is
türkisch Cologne." *Aha, also eine Art 4711 auf
Türkisch*, dachte ich.

Dann tupfte er vorsichtig eine weitere Schicht Nivea
drüber und reichte mir zum Schluss den Spiegel, den
er extra noch für mich an seinem Hemd blank rieb.
„Und?!" er zog die dicken schwarzen Augenbrauen
hoch, gespannt auf mein Urteil. Äußerst kritisch
betrachtete ich mich in dem Handspiegel, den ich
beinahe wie eine Lupe an meine Lippe hielt, um das
Ergebnis seiner Arbeit zu betrachten. Ich war

schlichtweg begeistert. Alles glatt, kein einziges
Härchen weit und breit. Jetzt fühlte ich mich wie ein
Top-Model. Absolut nichts war geschwollen oder
gerötet. Der Berber musterte mich zufrieden.
„Bisschen noch im Stuhl sitzen bleiben ja?! Möchten
Sie 'nen Tee?" Freudig lächelnd bejahte ich das
Angebot.

Er entschwand zur hinteren, linken Ecke des Ladens.
Dort stand eine Art Küchentresen in Sperrholzoptik
und ein silbrig glänzender, polierter Samowar, der vor
sich hin brodelte und mächtig starken schwarzen Tee
lieferte. Dieser wurde in kleinen Goldrand-Gläschen
mit zwei Stück Zucker serviert. Er *zapfte* uns einen
türkischen Tee. Ich bemerkte gar nicht, dass
zahlreiche neue Kunden mit dickem, schwarzen Haar
auf der Fensterbank wie Perlen an einer Kette
aufgereiht nebeneinander saßen, schwatzend und
wartend. In der Mitte des kleinen Ladens stehend ließ
ich beide Zuckerwürfel ins das Gläschen fallen, rührte
klirrend mit einem Mini-Löffel um und schlürfte das
starke, süße Gebräu. Er sah mir mit in die Seiten
gestemmten Armen schweigend und grinsend zu. Als
der Tee geleert war, stellte ich das Goldrandglas auf
einem der Regale ab und ging zur Kasse. Die stand
direkt neben der Eingangstür, eine einfache
Registrierkasse auf einem schlichten Kommoden-
Sperrholzschrank.

Durch die laute türkische Techno-Musik drang die
Stimme des Chefs an mein Ohr: „4 Euro bitte." Ich
staunte nicht schlecht. Da nahm er sich ganze 20
Minuten Zeit, drei Fadenstärken und Pinzette kamen
zum Einsatz, Oberlippen-Massage, Türkisch-4711
und Nivea - beim Schickimicki-Kuaför mit der groben
Hatice hatte ich das Doppelte für nur 5 Minuten
gezahlt! Da legte ich gerne was drauf. Er strahlte sein
breites Lächeln, blitzende, schwarz-braune Augen
und eine nach Zitrone riechende Hand
verabschiedeten mich.

Ich machte einen Schritt vor die Ladentür und stand
mitten im Amüsierviertel meiner Stadt. Das
zwielichtige Milieu-Umfeld hatte ich während der
Fadenprozedur total ausgeblendet. Links eine bunt

angeleuchtete Spielhölle, rechts ein Dönerladen, in
dem dichte Rauchschwaden über dem Schwenk-
Holzkohlegrill sichtbar waren, eine Menge
sonderbares Volk war hier unterwegs. Freier,
Betrunkene, Prostituierte, Zocker, zwischen alledem
Polizeistreifen... Die Welt da drinnen in dem kleinen,
türkischen Frisiergeschäft war eine ganz andere als
hier draußen vor der Tür. Die Kunden und auch die
Friseure waren mir allesamt super fremd. Es wirkte
ein bisschen wie in *1001-Nacht*. Für mich war das
hier im Berberladen echt Multikulti, buntes Leben auf
wenigen Quadratmetern. Sofort beschloss ich, in zwei
Wochen wieder her zu kommen, spätestens dann
wurde die nächste Enthaarungs-Prozedur fällig.

Die Fensterbank-Sitzung

Das Treiben im Laden wirkte fast schon vertraut, als ich vierzehn Tage später wieder nach Büroschluss mit Röckchen, Bluse und Aktentasche *ALTIN MAKAS* betrat. Meinen Augen bot sich exakt das gleiche Bild, wie bei meinem ersten Besuch. Es war fast so, als läge dazwischen keine einzige Minute. Im Laden herrschte hektische Betriebsamkeit. Alle acht Frisierstühle waren besetzt, grelles Neonlicht unter der Decke, am Boden türmten sich schwarze Haarbüschel, die auf den Besen warteten, türkische Popmusik dröhnte aus den kleinen plärrenden Boxen unter der Decke, Rasiermaschinen surrten. Wieder schien ich die einzige Frau hier zu sein. Berber und Kunden blickten wieder alle kurz zu mir und nach Bruchteilen von Sekunden ging das Leben im Laden weiter. Als wäre es das Normalste der Welt, dass eine deutsche, köter-blonde Frau inmitten des Rotlichtviertels zu einem türkischen Friseur ging, um sich Oberlippenhaare entfernen zu lassen. Kamen überhaupt andere Frauen hierher?

Dieses Mal blieben meine Augen wie elektrisiert an dem Bierdeckel-großen, knallgelben Schild an der lindgrün getünchten Wand neben dem Eingang kleben: HERREN-FRISEUR. Ich blickte zum Chef, der mir zunickte, die Rasiermaschine zur Seite legte, seine mit Rasierschaum bedeckte Hand an der trendigen Jeans abwischte und sie mir zum Gruß reichte. Dann lächelte er sein schönstes Lächeln und raunte mir mit tiefer Stimme ein *Hallo* zu. „Ist heute Zeit?" fragte ich. „Ja, können wir gleich machen, muss hier nur noch fertig machen. Tee?" Ich nickte und freute mich schon auf das höllenstarke Gebräu aus dem Samowar. Es wurde lautstark auf vermutlich Türkisch durch den Laden gebrüllt: „Hey, ..." (*Bring der Dame hier einen Tee!*) Da war es wieder, mein kleines Spielchen. Ich verstand kein einziges Wort, übersetzte im Stillen aus Spaß für mich mit. Bei der Tee-Bestellung war das nicht sonderlich schwer aber bei der Konver-sation der Wartenden, der Berber untereinander oder bei der Kombi Friseur-Kunde war das besonders toll und unterhaltsam.

Am meisten faszinierte mich diese Mischung aus
Deutsch-Türkisch-Türkisch-Deutsch, die mal fließend,
mal bruchstückhaft ineinander überging. Oft auch
grammatikalisch perfekt und in akzentfreiem Deutsch.
Auf die Haarentfernung wartend saß ich auf der breit
gefliesten Fensterbank, inhalierte die Stimmung aus
hektischer Betriebsamkeit, lässigem Hip-Hop-Gehabe
und chaotisch wirkender Organisation.

Wie ein Schwamm sog ich jeden Wortfetzen, jedes für
mich so fremde Palaver auf, lauschte, schnappte
Gesprächsfetzen auf. Oft ging es dabei um Autos:
„Ey, Ahmed, fährs Du noch diese fette Karre? Den
Benz?" Rasiermaschine kurz aus. „Ey, Alter nee, ich
hab jetzt ´nen BMW. Cooles Teil sag ich Dir. Direkt
aus Polen geholt." Rasiermaschine surrte weiter.
Türkische Musik dudelte, schöne Frauenstimmen
sangen inbrünstig Balladen.

Millimeter-Arbeit

Während ich wartete, beobachtete ich von meinem Logenplatz aus die aufwendige Prozedur des Haareschneidens à la Türkisch. Zuerst erfolgte die verbale Abstimmung der Haarlänge in Millimetern. Manchmal genügten auch die üblichen Handzeichen zwischen Daumen und Zeigefinger, um den Kundenwunsch auszudrücken. Dann surrte auch schon die Rasiermaschine los und arbeitete sich durch dichtes, tiefschwarzes Haar, das unterm Neonlicht einen leichten Blaustich im Glanz aufwies. Oben auf der Schädelplatte verblieb ein Teil Haar in Kreisform. Der Rest verschwand bis auf einen kaum noch sichtbaren Flaum oder wenige Millimeter *Länge*. Dann beugte sich der Kunde kurz nach vorn übers Becken, der Berber wusch ihm die verbliebenen Stoppeln mit Handseife aus dem Spender. Hier beim türkischen Friseur gab es keine teuren Spezialshampoos für Volumen, gegen Schuppen oder für koloriertes Haar. Hier wusch man noch mit Seife! Eine Skelett-Bürste aus Plastik erfasste bei heißer Föhnluft die verblie-benen 1-2 Millimeter auf dem Schädel. Fertig? Nein! Man schor nach, setzte mit scharfer Klinge Konturen als krönenden Abschluss der Rasur. Aus einer handelsüblichen Blumenspritze rieselte feiner Sprühregen auf den barbierten Kopf und feuchtete das Resthaar erneut an. Nun schmierte man eine riesige Menge glibberiges, giftgrünes oder wahlweise pinkfarbenes Gel auf die Frisur.

Zu meinem Erstaunen kam am gestutzten und mit Gel gestylten Schopf nun doch noch die Schere mit ein bisschen wildem Geklapper zum Einsatz. Es surrte auch noch ein weiteres Mal die Rasiermaschine, erneut wusch man den gesamten gelierten Kopf und zum Schluss brachte man das Werk türkischer Frisierkunst mit einer erneut üppigen Menge Gel aus dem günstigen Familienpott in Form. Die Arbeit lobte man mit Worten *Ey super Alter,* kräftiges Schulterklopfen reichte aber auch. Noch fix zur Kasse und schon saß der nächste schwarzhaarige Kunde auf dem Frisierstuhl.

Friede sei mit Dir

ALTIN MAKAS war mehr als nur ein Barbier. Der Laden war ein Treffpunkt. Man traf sich, palaverte, grüßte: Salam aleikum - Heil, Friede (mit dir/euch) ! - *U aleikum assalaam! (und mit dir/euch)*

Okay, manch einer grüßte hier im kleinen Berberladen auch auf Deutsch und weniger förmlich: *Hey Alter, wie geht's?* Zumeist folgte darauf ein angedeuteter Kuss rechts und links auf die Wange, ein anerkennendes Klopfen auf den oft muskulösen Oberarm, Händeschütteln. Der Daumen zeigte dabei abgespreizt gen Himmel.

Berber: „Ey Alter, wie geht's Mann?"
Kunde: „Gut."
Berber: Ey, was machs Du so?"
Kunde: „Nix."
Berber: „Ach ja, alles klar Alter."

Während ich wartete, vertrieb ich mir die Zeit mit kleinen Verhaltensstudien, das machte Spaß. Eines viel mir dabei besonders auf: es war enorm wichtig, wie man sich präsentierte. *Mann* ging nicht einfach in einen türkischen Friseursalon, nein, *Mann trat auf.* Nach der Begrüßungszeremonie tänzelte man in der Ladenmitte auf und ab, ließ die Augen mit wichtigem Scannerblick umherschweifen, schaute, wen man noch grüßen konnte. Das Schlüsselbund rasselte durch die Finger der einen Hand. Die andere Hand spielte lässig mit dem neuesten Smartphone, drehte es mehrfach mit den Fingerspitzen wie ein Cowboy seinen Colt. Zu 98% parkte vor der Tür eine teure, sportliche, breite, tiefer gelegte deutsche Edelkarosse.

Bei so einem Auftritt war es nicht mehr wichtig, dass man zur Lederjacke eine Trainingshose trug. Dieses Outfit nannten böse Zungen auch *Balkan-Smoking.* Das passte auf jeden Fall gut zum türkischen Hip-Hop, der im Hintergrund lief.

Hier in der *Goldenen Schere* nahm ich viele Dinge gleichzeitig wahr, die bei mir schon nach kurzer Zeit Vertrautheit herstellten: ein konstanter Aktionismus, fleißige Friseure, schnell wechselnde Kunden mit tiefschwarzem Haar, starker Bartwuchs, irre scharfe Klingen, surrende Rasiergeräte, laute Musik in vermutlich türkischer Sprache, Rasierklingenpapiere sowie abgebrochene Klingenstücke, die sich am Ladenfliesenboden unter die dunklen Haarbüschelmeere mischten und immer wieder *Salam aleikum*.

Beim Berber-Small Talk ging es meist um die gleichen Themen: Autos, Autos, Autos, Geld, Spielhölle, Autos, Handys, Autos und um gemeinsame Freunde. Während man beim türkischen Friseur saß, tauschte *Mann* sich aus - wenn auch manch einer, der sich hier zum Palavern traf, des anderen Sprache gar nicht sprach. Dieser kunterbunte Mix zauberte mir bei meinen Besuchen ein breites Lächeln ins Gesicht. Hier hatte ich mein eigenes kleines Kino, saß in der ersten Reihe, während mir unterhaltsame Ballonseidenhosen-Klischees dargeboten wurden.

Des Berbers Meinung zur Zielfrisur seines Kunden war deutlich: „Ich denke, das muss kürze, sonst sieht scheiße aus...so die Hälfte muss weg!" Jeder deutsche Kunde wäre zutiefst beleidigt gewesen, wäre aufgestanden und möglicherweise nie mehr wieder gekommen. Ein hierzulande fremdländischer Kunde jedoch (Türke, Kurde, Araber, Afghane, Syrer, ...) entgegnete einfach nur: „Dann mach doch, wenn Du meins!" Ein kurzes Surren rechts und links und hinten und oben später stellte der Chefberber zufrieden fest: „Guck - so is viel besser!" Der Kunde erhielt den runden Spiegel zur Begutachtung in die Hand, putzte das Ding nochmal kurz am Shirt und quittierte das Ganze mit einem breiten Lächeln.

Ich, die Fensterbanksitzerin, dachte, dass ich nun dran bin. Doch Nein... der Kunde auf dem Frisierstuhl entschloss sich noch für eine spontane Nassrasur plus jede Menge zitroniges Aftershave aus der gro-ßen Plastikflasche. Der Friseur verteilte gefühlte 200

Milliliter davon in beide Handflächen. Es folgte dieses *Patsch-Patsch* von einer Hand in die andere und von dort aus *Patsch-Patsch* ins Gesicht des frisch nass Rasierten. Der Duft eines mindestens drei Hektar großen Zitronenhains machte sich auf in meine Richtung, auf in Richtung Ladentür und breit gefliese Fensterbank. Mmh wie das duftete!

Nachdem ich Zeugin meines Lieblingsprozederes, des *Türkisch Wasser*-Auftragens, wurde, durfte ich ein weiteres *Berber-Hamam*-Ritual beobachten. Der Chef gönnte dem frisch barbierten, geschorenen Kunden eine Besonderheit. Er flitzte in ein Hinterzimmer, kam nach wenigen Minuten mit einem großen, weißen und stark dampfenden Handtuch zurück. Es war mit Chinaöl getränkt. Mit ein bis zwei versierten Handgriffen wickelte der Berber das Handtuch wie einen Turban um den frisch rasierten Kopf und schlang es weiter geschickt um Kinn, Wangen und Stirn. Die Augen waren ausgespart. Schließlich weiß jeder, wie gemein dieses ätherische Öl brennen kann. Der Geruch erfüllte für einen Moment den ganzen Laden. Chinaöl und *Türkisch Wasser* haben eines gemeinsam: unendlich viele Einsatzmöglichkeiten.

Altin bedeutet Gold

Bei jedem meiner Besuche im Berberladen, unterhielt ich mich mit dem Mann, der so feinfühlig mit dem Garnfaden meine Oberlippenhaare an der Wurzel packte. Bei meinem letzten Besuch, nach einer gefühlten Ewigkeit war ich schließlich an der Reihe, erzählte mir mein türkischer Friseur, dass er *Altin* hieß. Ja, einen solchen Namen kannte ich aus dem Türkischen. Ich nannte ihm meinen Vornamen und er siezte mich artig weiter. Was sein Name bedeutete, wollte ich von ihm wissen. Er zog die buschigen dunklen Augenbrauen hoch, legt den Kopf schräg, schob die Ärmel seines weißen Langarmshirts bis über die Ellenbogen und sah mich mit blitzenden Augen und einem Zwinkern an und erklärte mir, dass *Altin* aus dem Türkischen kam und *Gold* bedeutete. „Oh wie schön, da war Mama ja kreativ." Meine Bemerkung quittierte er mit einem sehr breiten Lächeln, als hätte ich ihm eine Medaille verliehen. Dann erfuhr ich wei-ter, dass er *Makas* hieß, was auf Deutsch *Schere* bedeutete. „Ach... so heißt ja auch der Laden hier", entfuhr es mir begeistert.

Triumphierend lachte er mich an, wurde sichtbar um einige Zentimeter größer und stand mit stolz geschwellter Brust da, als ich bemerkte: „Das ist ja cool, Du heißt *GOLDENE SCHERE*! Na da würde ich meinen Laden aber auch so nennen!" Mein Zeigefinger deutete in Richtung Eingang.

Über der großen Ladenfensterscheibe prangte der Name in großen, blauen Buchstaben auf quietschgelber Neonreklame. Seine tiefdunklen Augen wurden ganz groß und rund und blitzten mich an. Er zog die buschigen, schwarzen Brauen erneut hoch, stemmte seine Hände in die Seiten wie ein kleiner, stolzer Junge. „Ja, ich heiße wie mein Laden, also der Laden wie ich. Gut ne?!" Er lächelte verschmitzt und war mächtig stolz auf seinen Namen, der so wunderbar zu seinem Beruf passte. Dann machte er sich weiter ans Werk, entfernte unermüdlich mit gekonnten Mini-schlaufen die feinen Haare über meiner Oberlippe.

Charmante Lüge

Eigentlich war Montag mein türkischer Friseurtag. Diesmal betrat ich an einem Mittwoch den Laden. Mein erster Blick ging in Richtung Chefberberstuhl, doch da stand kein Altin. Die wenigen Quadratmeter des kleinen Friseurladens waren schnell abgescannt. Nirgendwo konnte ich meinen Berber Altin entdecken.

Ich stand wie angewurzelt da. Nachdem ich nun schon einige Male zur Haarentfernung hier gewesen bin, grüßten mich mittlerweile auch die anderen Friseure freundlich. Es war ja auch nicht sonderlich schwer, die vermutlich einzige Kundin wieder zu erkennen. Der etwas stämmige Typ, der ganz vorne rechts seinen Frisierstuhl gegenüber der Paradeposition des Chefs hatte, schaute mich mit leicht vorgeschobenem Doppelkinn an: „Guten Tag, kann ich helfen?" Ich entgegnete: „Ja, ich suche *Altin*." Er schaute mich völlig verdutzt an, als hätte ich nach Ali Baba und seinen vierzig Räubern gefragt. Dann stutzte er für einen Moment, runzelte die Stirn, als denke er nach aber antwortete nicht sondern drehte sich wieder zu seinem Kunden um und arbeitete einfach weiter. Als nächstes kam der blutjunge Azubi auf mich zu, ich fragte erneut: „Ist *Altin* heute gar nicht da?" Es bot sich mir ein ähnliches Szenario: „Wer?" Kopf schräg gelegt, zusammengekniffene Augen, Stirnrunzeln, Schweigen. Ich wiederholte: „Na... *ALTIN*!" Aus der Mitte des Ladens heraus rief einer, der gerade den Besen schwang: „Sie meinen Chef? Faruq?" Nun war ich verwirrt und gleichzeitig auch ein wenig sauer und insistierte mit erhobener Stimme: „Ja, den Chef, *Altin*, der heißt doch so, hat er mir erzählt. *Altin Makas*." Es war wie ein geheimer Pakt. Keiner sagte etwas, immer mehr schalteten sich ein und jetzt grinsten alle im Laden wie auf Knopfdruck ein Kollektiv-Lächeln, das von hier bis zum breiten Bosporus reichte.

Endlich klärte einer auf. Der schmale, blasse, Jungberber mit rostrotem Haar wandte sich an mich und verriet: „Also der Chef heißt Faruq. Einen *Altin* gibt es hier nicht. Aber: er ist heute nicht da. Hat frei, ist für eine Woche im Urlaub. Nach Hause gefahren.“

Ziemlich irritiert überlegte ich, ob ich meine Oberlippe einem anderen anvertrauen sollte. Der Rostrothaarige junge Berber bot sich an und machte eine einladende Geste auf seinen Frisierstuhl hinten rechts im Laden. Ich versuchte mein Glück. Ungefähr zehn wirklich fiese Leidensminuten später wusste ich: das war keine gute Entscheidung.

Er arbeitete nicht so vorsichtig und umsichtig wie *mein* Altin. Dicke Tränen liefen mir über die Wangen, er zupfte völlig unbeeindruckt und leise in sich hinein lächelnd weiter. Keine Oberlippen-Massage, kein *Türkisch Wasser*, kein Nivea-Getupfe. Hätte ich bloß auf *Altin* gewartet, schoss es mir durch den Kopf, während er mir Schmerzen zufügte. Beim nächsten Mal wollte ich den Namensschwindel aufdecken. Es war mir egal, wie er wirklich hieß: für mich blieb er *Altin* oder die *Goldene Schere*. Mit geschwollener, himbeerroter und vor Schmerz brennender Lippe verließ ich den Laden. Mit Experimenten war jetzt Schluss. Wenn *Faruq alias Altin* in den Urlaub fuhr, ließ ich meinen Damen-Schnurrbart bis zum Vollbart stehen - solange, bis *ALTIN* zurückkam!

Wieder Zuhause, befragte ich das Web, welche Bedeutung der Name Faruq hat. Der Name stammte aus dem Arabischen und bedeutete:

> *Wer die Wahrheit von der Lüge*
> *unterscheiden kann*

Das passte ja wunderbar. Ein mildes Lächeln legte sich auf meine noch immer schmerzende, dicke Lippe.

Pit Bull-Cap und
blaue Augen plus Glatze

Zwei Wochen später war ich erleichtert. Ich näherte
mich dem türkischen Berberladen, vor der Tür stand
ein Pulk Kerle. Die Feierabend-Sonne schickte ihre
Strahlen direkt auf die große Schaufensterscheibe,
das Glas spiegelte wie verrückt. Um nach IHM
Ausschau zu halten, musste ich fast meine Nase ans
Glas pressen. *Altin* stand gleich ganz vorn, an seinem
gewohnten Arbeitsplatz. Über seiner Jeans trug er ein
eng anliegendes kanariengelbes Kurzarmoberhemd.
Er schor einem breitschultrigen, glatzköpfigen
arabisch aussehenden Kerl mit wasserblauen Augen
und einem grasgrünen, engen Trainingsanzug den
Schädel.

Ich wollte eintreten. Doch die Ladentür der *Goldenen
Schere* blockierte eine Traube palavernder Männer.
Jeder hatte ein türkisches Teeglas mit Goldrand und
schwarzem dampfenden Tee in der Hand. Sie
unterhielten sich lautstark und fuchtelten wild mit der
jeweils freien Hand in der Luft umher. Drinnen im
Laden herrschte die gewohnte, hektische
Betriebsamkeit. Draußen vor der Tür schien die Zeit
irgendwie still zu stehen. Man quatschte, rauchte,
trank Tee, zelebrierte das gepflegte
Zusammenstehen. Es fehlten lediglich noch ein paar
Hocker und ein Backgammon-Spiel für die Rundum-
Gemütlichkeit.

Ich schlängelte mich durch den lautstark palavernden,
türkischen Männerreigen zur bevorstehenden
Zupfprozedur hindurch, nickte zum Gruß einmal in die
Ladenmitte. Altin blickte kurz von seinem Frisierstuhl
hoch in meine Richtung. Er lächelte geschäftig und
sein Blick sprach Bände: *Das kann 'n bisschen
dauern.* Schwungvoll setzte ich mich daher auf die
Fensterbank, entledigte mich meines Anoraks.
Draußen war es zwar sonnig aber langsam wurde es
herbstlich kühl.

Die Metallschließe meiner Jacke knallte auf die
Fliesen und verursachte ein lautes *Kling*. Musik

trällerte gewohnt laut durch die kleinen Boxen, Rasiermaschinen surrten, Föhne heulten. Doch bei diesem durch alle Nebengeräusche hindurch gut hörbaren *Kling*-Geräusch meiner Jacken-Metallschließe blickten hier im türkischen Berbersalon einige ganz erschrocken hoch. Suchend schweiften dunkle Augenpaare misstrauisch umher. *Was war das für ein Geräusch?* stand in ihren Blicken. Auch Altin hielt inne und schaute sich um, was dieses *Kling* verursacht hatte. Ich überlegte kurz, was es mit diesen Reaktionen auf sich haben könnte. Na klar... Es gab ein Geräusch hier im Rotlichtviertel meiner Stadt, das so klang, wie dieses *Kling* meiner Metallschließe! *Kling* – machte es, wenn ein Springmesser geöffnet wurde und einrastete. Wer hier ein solch gefährliches Ding bei sich trug, wollte ich gar nicht wissen.

Während ich meinen Gedanken nachhing, spürte ich, wie ein intensiver Blick mich durch Altins Frisierspiegel musterte. Den Typen hatte ich hier schon gesehen. Er kam mit circa zwei Zentimetern schwarzem Haupthaar und irre blauen Augen und ging mit zwei Millimetern Haupthaar und irre blauen Augen. Ich starrte zurück, auch meine Augen nahmen den kleinen Umweg durch den Frisierspiegel. Altin rasierte ihn. Das Gesicht war mit einer dicken Schicht eingepinselt. Aus dem weißen Schaum glotzten mich zwei stechende, wasserblaue Augen an. Die scharfe Klinge glitt durch den Schaum, zurück blieb ein glatt rasierter Kerl. Im Anschluss wurde mit einem duften Wässerchen die Haut betupft. Als krönendes Finale beobachtete ich eine brachiale Methode: dem Kunden wurde ein Feuerzeug an das linke und rechte Ohr gehalten. Die Flamme fackelte die schwarzen, borstigen Haare im und um das Ohr herum weg. Für einen Moment hing ein verkohlter Geruch in der Luft. Fassungslos staunend schaute ich beim Abflammen zu. Mir rutschte ein „Hey Du, Dein Ohr brennt!" heraus. Zwei knallblaue Augen blitzten mich an.

Plötzlich nahm neben mir ein breitschultriger Deutscher mit Camouflagehose, natogrüner Bomberjacke und Pitbull-Mütze über fünf Millimeter Haar Platz. Er musterte mich unverhohlen von der

Seite. Ich glotzte unverblümt zurück. Er sah nach Milieu aus. In meiner Fantasie malte ich mir blitzschnell wilde Geschichten aus, wie er wohl seinen Lebensunterhalt verdiente. Er musterte mich noch immer, genoss meine Aufmerksamkeit. Unter der tiefgezogenen Pit-Bull-Schirmmütze hervor lächelte er mich an. „Na, auch die Haare schneiden?" dröhnte eine Stimme unter der Kappe hervor. Ich war verdutzt, dass er mich ansprach. „Äh nein..." und deutete auf die dunklen, piksigen Härchen über meiner Lippe. Er nickte höflich, als würde er sofort verstehen. „Ach so..." und sprach Faruq an: „Hey, ich war irre lang nicht hier, Alter." Wieder zu mir gewandt, stützte er sich mit einer Hand auf seiner Tarn-Hose ab. Seine Fingerknöchel zierte ein Buchstaben-Tattoo in altdeutscher Schrift, das ich nicht entziffern konnte. „Ist schon richtig lang meine Matte, oder?" Zur Untermalung seiner Frage hob er die Kappe. Gingen fünf Millimeter verbliebenes Haupthaar, straff rasiert als *langes* Haar durch? Mein Blick klebte unweigerlich an den langen Narben, die seinen Schädel zierten. Ein Schlägertyp? Statt einer Antwort räusperte ich mich nur kurz und nickte höflich. Hier endete unser Small Talk. Es blieb beim Lächeln. Gut so.

Enttarnung

Der nächste Kunde auf dem Chefberberstuhl war ich. *Faruq alias Altin* holte den Föhn hervor, pustete den Sitz für mich frei. Mein Blick blieb an seinem kanariengelben Hemd kleben. Er schaute auf meine Beine. Trotz herbstlicher Temperaturen trug ich einen kurzen Rock. Er ließ den Föhn länger heulen, wärmte so den Ledersitz für mich auf. Eine Geste, die mir imponierte und gefiel.

„Hey, willkommen zurück! Wie war es zuhause in der Türkei?" begrüßte ich ihn freudestrahlend. Mein türkischer Berber quittierte diese beinahe zu stürmische Begrüßung mit einem charmanten Lächeln und sagte: „Danke, war echt schön. War ja nur eine Woche aber so richtig gut. Mein Bruder hat geheiratet. Is mein jüngerer Bruder und heiratet vor mir! Bei uns geht's anders rum."

Was war denn heute los? Er erzählte mal ein bisschen von sich. „Na das war sicher ein tolles Fest, oder?!" Er nickte müde, doch bei der Erinnerung an die Familienfeierlichkeiten blitzte ein Strahlen durch seine tief dunklen Augen. „Oh ja. Bei uns wird richtig gefeiert, nicht so wie hier, einen Tag lang und dann ist Schluss. Wir haben drei Tage und Nächte lang Party gemacht. Ich war echt kaputt." Zack, wie in einer Zeitmaschine in die Türkei katapultiert, war ich im Geiste sofort ganz weit weg. Tausende Kilometer von hier sah ich Altin mit seiner ganzen Familie vor meinem geistigen Auge. Alle mit tiefschwarzem Haar, in dunklen Anzügen und weißen Hemden. Auf dem Land, irgendwo in einer entlegenen Gegend der Türkei, feierten sie ein Drei-Tages-Fest. Eine schöne Vorstellung, den schönsten Tag im Leben so zu begehen.

Laut drang türkisch Hip Hop an mein Ohr. Zurück auf dem Berberstuhl. Es kam bereits die dritte Fadenstärke über meiner Lippe zum Einsatz, als ich ihn auf den Namensschwindel ansprach. Lange zögerte ich, war mir unsicher, wie die *Enttarnung* aufgenommen wurde.

Auf keinen Fall wollte ich seine kleine türkische Münchhausen-Geschichte einfach nur bloß stellen, sondern mein Wissen seines echten Namens mit einem Zwinkern preisgeben. Ich begann mit einer kleinen Einleitungsgeschichte. „Stell Dir vor, neulich komme ich in den Laden und frage nach *ALTIN*. Alle haben mich blöd angeguckt und gesagt, *es gibt hier kei-nen Altin*. Ich habe immer wieder nach Dir gefragt. Einer sagte mir: *Der Chef heißt Faruq.*" Kurze Pause.

Die Worte sollten bei ihm ankommen. Kam Zorn auf? Zögerlich schaute ich ihn an. Doch er lächelte sein warmherziges Lächeln, zog die schwarzen, buschigen Augenbrauen hoch. „Sie können mich auch *ALTIN* nennen. Viele nennen mich so. Ist mir doch ganz egal." Über den flapsigen Umgang mit einem Namen, den man seit seiner Geburt trägt, war ich erstaunt. „Also dann bist Du für mich weiter *Altin*." Er grinste schelmisch. Das war witzig. Er siezte mich von Anfang an artig – meistens jedenfalls. Selten rutschte ihm mitten im Satz mal ein *DU* dazwischen. Er nannte mich nie beim Vornamen, obwohl er mich mal danach gefragt hatte. Vielleicht hatte er ihn einfach vergessen. Ich duzte ihn. Hatte das etwas mit Höflichkeit zu tun oder mit sprachlichen Hürden? Ich hatte ihn gefragt, ob ich *Du* sagen dürfe und für ihn war das okay. Er siezte mich weiter.

Es war immer wieder schön, wenn er mir mit seinen weichen Zitronen-Rauch-Fingern zart über der Oberlippe herumstrich, sanft von innen nach außen. Das Brennen auf der Haut verschwand im Nu und ich fühl-te nur noch seine warmen, weichen, streichelnden Fingerkuppen, die mich verwöhnten. Ich schloss sofort die Augen und genoss es. Er schien es zu spüren. Auf einmal wurden seine Finger langsamer. Er übte mal mehr, mal weniger Druck aus. Das war wie... 1001 Nacht über der Lippe... Es machte Spaß, beim Enthaaren mit dem flammenden Band zu leiden, wenn man auf *orientalische Weise* gestreichelt wurde. Als mir eine Träne am Auge herunterlief, tupfte er sie mit einem Kleenex weg und entschuldigte sich. Und ich? War begeistert. Total begeistert von Altins Enthaarungskünsten und von diesem Mikrokosmos, der kleinen Welt der *Goldenen Schere*. Rasch gezahlt, ein Gruß in die Ladenmitte und ab nach Hause.

Fast schon beseelt trat ich vor die Ladentür und schlenderte noch ein paar Schritte durch die nahe gelegene Einkaufsstraße der Stadt. Vor einem Schuhgeschäft traf ich meine Freundin Sandra. „Hey, wie schön Dich endlich mal wieder zu sehen! Wo kommst Du denn her?" wollte sie wissen. Bisher hatte ich die kleinen feinen Geschichten vom türkischen Berber für mich behalten, sie gehörten mittlerweile zu meinem Alltag. „Ach, ich komme gerade aus dem Rotlichtviertel, das beginnt doch gleich dort ein paar Straßen weiter." Mit weit ausgestrecktem Arm zeigte ich hinter mich. Mir war klar, was jetzt kam. Zwei große wasserblaue Augen schauten mich total verdutzt an. „Wie bitte, von dort? Was gibt es denn da außer Spielhöllen, Prostituierte, Table-Dance-Läden und Dönerbuden?" Sie schüttelte ungläubig den Kopf und ihre lange, goldblonde Mähne.

Nun war es an der Zeit, zu berichten. „Komm wir setzen uns fix in das Café dort vorn und ich erzähl Dir, was mich dahin verschlägt."

Zwei Stunden lang hatte ich ihr die buntesten Bilder geschildert, skurrile Szenarien bei der *Goldenen Schere* beschrieben. Immer wieder entfuhr meiner Freundin ein „Nee, ist nicht wahr!" und weiter „Da muss ich auch mal hin!"

Länderkunde

Meine Erzählungen der *Highlights* aus der *Goldenen Schere* hatten meine Freundin Sandra derart neugierig gemacht, dass sie mich schon 14 Tage später ins Amüsierviertel zum Berber begleitete. Nun schlugen wir zwei also im weiblichen Doppelpack bei meinem türkischen Friseur auf. Sie wollte ihre Augenbrauen bezupfen lassen. Bisher brachte diese ein deutscher Coiffeur mit der Pinzette in Form. In Sachen Mode und IN und OUT war sie so etwas wie ein Trendscout. In einer Hochglanzfrauenzeitschrift hatte sie gelesen, dass auch die Haare über den Augen zeitgemäß frisiert gehörten. Ihre mittelblonden Augenbrauen trug sie immer akkurat und mal schmal und im schönen Bogen dann wieder buschig und wild durcheinander gekämmt... Ich käme nie auf die Idee, meine Augenbrauen aktuellen Trends zu unterwerfen.

Als wir zwei also den mir mittlerweile so vertrauten Laden betraten, fanden wir *meinen* Friseur nicht an seinem gewohnten Platz vor. Laute türkische Popmusik beschallte den kleinen Raum. Er stand im hinteren Teil des Ladens am Samowar und zog genüsslich an seiner Kippe. Als er uns und vor allem SIE, Sandra, groß, schön, schlank, langes, blondes Haar und ein atemberaubendes Kleid tragend sah, nahm er noch einen schnellen, tiefen Zug der Zigarette, pustete eine dicke Schwade Rauch in die Luft, hob lächelnd die Hand. Durch das Berberstuhl-Spalier schlängelten wir uns an vier Frisiersesseln links, vier Frisiersesseln rechts mitten durch das Rasiergesurre und Scherengeklapper hinüber zu ihm.

Er reichte freundlich einer nach der anderen die Hand über die Tee-Theke und führte seinen letzten Satz mit einem Kunden in seiner Sprache zu Ende. Sandra staunte verhalten, stand da wie ein kleines Mädchen und sog offenbar die Stimmung ein. Er schob jeder von uns ein Mini-Teeglas mit Goldrand und heißem, dampfenden, Tote weckenden schwarzen Tee mit zwei Stückchen Zucker auf der gläsernen Untertasse vor die Nase. Ich liebte Sprachen, hörte gebannt zu, verstand aber keine einzige Silbe. Sandra stand

einfach nur da und hielt sich scheinbar am
dampfenden Tee fest. Während er für uns
Unverständliches in seiner Sprache palaverte, starrte
er sie unentwegt und völlig unverhohlen an. Kein
Wunder, dachte ich. Sie war ein Hingucker.

Als er sich dann einfach ohne weiter zu fragen, wer
meine Begleitung war, mir zuwandte, fragte ich
interessiert: „Was war das für eine Sprache?" und
erwartete, dass er Türkisch sagte. „Das war
Kurdisch." Ich nickte und schaute ihn erstaunt an. „Ich
sprech beide Sprachen – Türkisch und Kurdisch."
Noch immer hatte ich riesige Fragezeichen in den
Augen. Seine dunkle, rauchige Stimme informierte
gesprächig weiter. „Kurdistan ist kein Land sondern
ein Volk." Sein Blick ging wie in einem Klassenzimmer
von mir zu ihr und zurück. Aha, hier wollte er uns
testen. Er lächelte vielsagend. „Dort sprechen wir
Zaz", dann drückte er die Kippe auf einer
Glasuntertasse aus und führte uns zum Frisierstuhl
hinüber.

Ich nahm dort Platz, Sandra glitt vornehm auf die
Fliesenfensterbank. Die Augen der anderen Berber
klebten kurz an ihr, dann ging das wilde Gesurre der
Rasiergeräte auch schon weiter. Altin begann wortlos
mit der Zupf-Prozedur und glotzte Sandra durch den
Frisierspiegel immer wieder unverhohlen an. Das
flammende Band wirbelte umher. Meine Oberlippe
war, nachdem er sie mit geübten Handgriffen von
dem lästigen, piksigen Flaum befreite, wieder
wunderbar haarlos und ich eine glückliche Kundin.

Dann fragte er zu Sandra gewandt, die wie eine Elfe
auf den Fliesen saß, die langen Beine übereinander
geschlagen, Knie bedeckt vom Kleid: „Und Sie?! Was
machen wir? Zupfen?" Wieder dieser unverhohlene
Blick. Das war ihr offensichtlich zu viel. Sie stand auf,
strich ihr Kleid mit ihren makellosen, manikürten
Fingern glatt und stammelte: „Äh, ja, Augenbrauen
zupfen wollte ich, ich komme aber lieber ein anderes
Mal wieder." Er witterte sofort die Chance auf eine
neue, deutsche Kundin, zückte eine zerknitterte,
kunterbunte Visitenkarte aus der Gesäßtasche seiner

Jeans und überreichte sie ihr mit ausgestreckten
Händen wie einen Barren Gold mit den Worten:
„Rufen Sie an, machen wir einen Termin!"

Flugs steckte sie die Karte in ihre riesengroße
Damenhandtasche, sprang auf, rief mir noch ein
eiliges *Tschüss Süße!* über die Schulter zu und
verschwand schnellen Schrittes aus der Ladentür und
aus dem Viertel.

Ich wollte gern noch mehr über *meinen* Berber
erfahren, über seine Sprache und woher er den
Umgang mit dem flammenden Band gelernt hatte.
Doch mehr entlockte ich ihm heute nicht. Es war, als
hätte jemand bei ihm die Stop-Taste gedrückt. Heute
galt seine ganze Aufmerksamkeit ihr, meiner
Freundin. War ich etwa eifersüchtig? Wie absurd!

Wenn ich das nächste Mal beim Türken essen ging,
wollte ich mal herumfragen, ob jemand *Zaza* spricht
und herausfinden, ob er mir einen weiteren Bären
aufgebunden hatte.

Außerdem wollte ich Sandra anrufen und ausgiebig
ausfragen, warum sie so eilig aufgebrochen war,
ohne sich bezupfen zu lassen. Als ich wieder im Auto
sass, wählte ich ihre Nummer und hörte sofort ihre
aufgebrachte Stimme: „Frag, nicht, der Laden ist ja
echt wild, aber dieser Typ, wie der mich angeglotzt
hat, ging gar nicht. Das ist nichts für mich. Da gehst
Du mal schön weiter alleine hin..." Dann hatte sie
einfach aufgelegt. Lange Zeit hörte ich gar nichts
von ihr.

Andere Länder,
andere Sitten

Bei den Besuchen meines türkisch-kurdischen
Berbers (nun wieder allein) zelebrierte ich jedes Mal
das Beobachten der Szenerie in dem kleinen Laden.
So-bald ich auf der breiten Fliesenfensterbank
wartend Platz nahm, wurde ich in eine Art 1001-
Nacht-Sphäre *gebeamt.* Es waren die kleinen
skurrilen Dinge, die ich dort beobachtete, die mich
zum Schmunzeln brachten und mir einen
gedanklichen Kurzurlaub in meinem geordneten
Alltag boten.

Überstunden, Pausen, Ausgleichstage, Urlaub und
Brückentage – all jene Begriffe aus unserer
Arbeitswelt schien der türkische Berber in meiner
Stadt nicht zu kennen. Er legte eine ganz andere
Arbeitsmoral an den Tag oder sollte man besser
sagen: an die *Nacht*? Wenn die Kaufhäuser der Stadt
bereits geschlossen haben, brannte noch lange Licht
bei *ALTIN MAKAS*. Hier galten seine und somit
andere Gesetze. Es wurde eingeschäumt, barbiert,
frisiert, gezupft, bis der letzte Kunde bedient war.
Schon einige Male hatte mir Altin angeboten: „Wenn
Sie mal spät von Arbeit kommen, können Sie gern
auch später her kommen, wir haben immer lange
auf!" Doch bisher begab ich mich mitten ins
früh*abendliche* Leben der kleinen für mich so
fremdländischen Friseur-Welt. Vor ein paar Wochen
war ich mal mittags dort gewesen, denn ich hatte frei
gehabt. Ich hatte ernsthaft gedacht, dass dann
weniger los sei im Laden...

Ich trat gegen 14:00h ein, der Azubi stürmte sogleich
mit einem Glas türkischen Tee auf mich zu. Während
ich das dampfende, schwarze Gebräu aus dem
Samowar schlürfte, unterhielt er mich mit alltäglichem
Geplänkel über das Wetter höflich, Altin war noch voll
im Stress. Er hatte einen Kunden eingeschäumt,
wischte seine tropfende Hand an der Hose ab und
streckte sie mir wortlos aber mit einem Lächeln aus
zwei dunklen Augen und einem Nicken zur
Begrüßung entgegen. Der Azubi fragte mich nun

fröhlich: „Hey wie geht's?" Ich lächelte und entgegnete "Super, Danke, ich habe heute Urlaub." Er zog sofort die buschigen Augenbrauen hoch, fing leicht an zu schielen und fragte mich total ungläubig und ganz laut: „Frei? Den ganzen Tag?" Ich war erstaunt und meine erster Gedanke war: *der will mich veralbern.*

„Ja, ich habe den ganzen Tag heute frei" wiederholte ich. Der Jungberber nahm eine sehr aufrechte Haltung wie in der Schule an der Tafel ein und verkün-dete mir grinsend: "Ich hab sonntags frei, das reicht." Ein Blick vom Chef über die Schulter genügte und der Azubi war rasant wieder anderswo im Laden hochmotiviert an der Arbeit.

Nun war ich dran. Altins Blick hing an meinem langen Pony, der mich bereits in den Augen kitzelte. „Soll ich da mal schneiden?" Ich erschrak. Mein entsetzter Blick endete im Frisierspiegel vor uns. Stumm schüttelte ich den Kopf und schloss die Augen, um mir weitere Ausreden zu ersparen. An meine Frisur ließ ich ausschließlich meinen Coiffeur ran.

Der Lieferant

Bei Altin gab es offenbar keinen Lieferanteneingang. Hier kam alles und jeder vorn durch die kleine Ladentür. Es gab auch keinen Zeitrahmen für Anlieferungen, dezent am Rande der üblichen Geschäftszeiten. In der *Goldenen Schere* wurden Geschäfte jedweder erdenklicher Art zwischendurch und mittendrin abgewickelt, zwischen surrenden Langhaarschneidern, blitzenden Rasierklingen, eingeschäumten Kunden und lauter, türkischer Musik. Nach meinem Bürofeierabend saß ich wartend auf der breiten, kühl gefliesten Fensterbank und beobachtete Nassrasuren,palavernde Berber und kahlgeschorene Kunden. Ein breitschultriger Kerl kam rein. Auf seinen durchtrainierten Armen balancierte er einen riesigen Karton, mit dem er gerade eben durch die Ladentür passte. Mit einem lauten *Boah...* hievte er die Ware herein und stellte deutlich hörbar tief atmend und ächzend die schwere Fracht mitten im Laden ab. Altin barbierte, mit dem Rücken zur Tür gewandt, einen Typen in Jogginghose, drehte sich vom Berberstuhl aus um und begrüßte den Lieferanten mit Schulterklopfen, Händeschütteln und einem arabischen Bruderkuss.

Schon einige Male hatte ich diese Form der Begrüßung beobachtet. In einem Zeitungsartikel las ich kürzlich, dass diese auf eine Tradition der Beduinen zurückgeht und unter Männern heute noch immer üblich sei. Für die Begrüßungszeremonie nahm man sich Zeit. Altin ließ seinen mit Rasierschaum bedeckten Kunden warten. Der Eingeschäumte und der Lieferant erhielten Tee aus dem Samowar. Für einen Augenblick schien die Zeit still zu stehen. Die drei schlürften aus kleinen Goldrandgläsern das schwarze, stark Zeug.

Der Lieferant stellte das Teeglas beiseite und riss mit einem lauten Ratsch den riesigen Karton auf und kramte eine Familienpackung Frisiergel heraus. Altin streckte freudig die Hand aus und schraubte eine der riesigen Dosen auf. Er steckte drei Finger in das glibberige, giftgrüne Gel, drehte sich mit Schwung und Machogehabe zum Frisierspiegel und schmierte das Zeug sogleich in sein eigenes dichtes, schwarzes Haar.

Ein begutachtender Blick, ein Lächeln, die Dose wurde zurückgereicht. Ein Handschlag, wilde Floskeln in türkischer oder kurdischer Sprache, noch ein laut klatschender Handschlag und Altin griff in die Ladenkasse, holte einige Scheine heraus. *Nur Bares ist Wahres.* Das Geschäft, der Handel war abgeschlossen. Der Lieferant lächelte schelmisch. „Und mein Wechselgeld?" fragte Altin und kniff die dunklen Au-gen zusammen. Sein Gegenüber kramte eine gefühlte Ewigkeit in seiner Hosentasche, zog ein dickes Bündel Scheine heraus. Er faltete sie genüsslich und in Zeitlupe auseinander, klappte sie auf wie ein Buch und hatte kein Problem damit, dass jeder hier im Laden seine Barschaft sah. Diese schien ausschließlich aus Hundertern und Fünfhundert-Euro-Scheinen zu bestehen. *Du, ich habs nich klein.* Altin klopfte ihm auf die Schulter. „Ach egal Alter. Hast aber viel Kohle in der Tasche!" Der Lieferant kriegte das Grinsen nicht aus seinem Gesicht und stopfte das Bündel wieder in seine ausgebeulte Hosentasche. „Ich hab gerade nebenan in der Spielhölle fast dreitausend Euro gewonnen, ey."

Mir blieb die Spucke weg. Altin grinste lässig, als würde ihm das jeden Tag passieren. „Cool, Alter, machs gut, bis dann." Als wäre nichts gewesen, wandte er sich wieder dem Eingeschäumten zu, der Azubi räumte die Kiste Gel weg und platzierte je eine große Dose Glibberzeugs an den Berber-Waschbecken.

Stylingberatung

Es gingen fast drei Wochen ins Land, bis ich mich wieder zur *Goldenen Schere* begab. Sofort nach Betreten des Ladens deutete mir der Berber an, dass ich Zeit mitbringen müsse und bitte Platz nehmen möge.

Wartend hockte ich auf den kühlen Fliesen der breiten Fensterbank. Zwei junge, fremdländische Männer traten ein. Neukunden? Die Begrüßung war förmlich - kein Kuss, kein Handschlag, kein langes Palavern. Sie mussten heute schon einmal hier gewesen sein, denn in der Reihenfolge waren die beiden noch vor mir dran. So blieb mir genügend Zeit, den Prozess der Frisurenfindung mit zu verfolgen. Das war spannend, denn sie sprachen offenbar weder Türkisch noch Kurdisch. Die zwei wurden direkt nacheinander frisiert und ich schaute amüsiert zu.

Der jüngere Kunde sprach kein Deutsch, für Faruq schien so eine Situation nicht neu zu sein. Er wandte die uralte Methode der Verständigung, die gute alte Zeichensprache an. *So...?* seine Finger zeigten in Richtung Kollege am Nachbarfrisierstuhl. Der trug schätzungsweise 5 Millimeter oben in der Mitte auf dem Schädel und 1 Millimeter an den Seiten. *...oder so Alter?!* Dabei verwies der Berber auf den glatt rasierten Kopf des Kunden zwei Sitze weiter. Der junge Mann schüttelte vehement den Kopf. Als nächstes deutete Altins Finger auf den Kumpel des Kunden, er trug das Haupthaar circa 1 cm lang. Kräftiges Nicken. *Okay.* Faruq war fast am Ziel. „Auch noch so wie bei mir?" fragte er und präsentierte zur Verdeutlichung sein eigenes tiefschwarzes und dichtes Nackenhaar. Es war etwas länger als der Rest seiner Friseur. Eine Art *Entenbürzel* bildete den krönenden Abschluss. Kopfschütteln des Kunden und die Wunschfrisur stand fest.

Der Kunde einen Berbersitz weiter erklärte mit einer Hand voll Worten seine gewünschte *Zielfrisur*: „Alter, mach nich so lang und nich so kurz." Neugierig und amüsiert beobachtete ich dieses kleine, hier im Laden immer wieder kehrende Schauspiel. Bei deutschen Friseuren lag stets jede Menge Ansichtsmaterial zur Frisurenfindung aus. In zentimeterdicken Hochglanzmagazinen und Büchern präsentierten namhafte Coiffeure aus der ganzen Republik, sogar aus der ganzen Welt dem potentiellen Kunden teils prämierte Frisuren. Da war für jede erdenkliche Haarlänge und Haarfarbe etwas dabei. Eine Typberatung konnte schon einmal länger dauern als der eigentliche Haarschnitt.

Bei meinem türkischen Berber gab es keine bunten Frisurenhefte zum Blättern. Hier hingen keine aufwendigen, übergroßen Drucke an der Wand, die Models mit den neuesten Styles zeigten. Nein, hier beim türkischen Berber klebten die coolsten Frisurenideen direkt auf der großen Ladenfensterscheibe im Eingangsbereich.

Von der Fensterbank aus wanderte mein Blick durch die Frontscheibe nach draußen. Das bunte Treiben im Amüsierviertel war spannend. Auf der Suche nach einem Parkplatz kreisende Edelkarossen, auf und ab stolzierende Frauen auf Stilettos, Polizisten die Streife gingen, Spielhöllen-Klientel, hier war zu jeder Tag- und Nachtzeit etwas los. Da war diese kleine Kaschemme, die zwei nackte und weit gegrätschte Frauenbeine über der Tür als Leuchtreklame positionierte. Sie trug den Namen *Pussy*-Bar. Daneben ein Messer-Fachhandelsgeschäft. Hier konnte man vieles kaufen, was man weder bei sich tragen, noch legal nutzen durfte. Daneben lag ein Dessous-Geschäft, das sehr raffinierte Wäsche aus Seide und Spitze anbot. Im Laden direkt an der Straßenecke konnten Frauen *Posing-Schuhe* kaufen. Zum Laufen waren Absätze mit 11 und 13 Zentimetern nix, waren aber atemberaubend anzusehen.

Auf dem *Rückweg* in den kleinen Berberladen blieben meine Augen an den beidseitig angebrachten Foto-Aufklebern an der großen Frontfensterscheibe hängen. Jeweils vier Herrenfrisuren waren auf 30cm zum Quadrat rechts und links am Rand untereinander

zu sehen. Sie stellten zur Schau, was *IN* war: auf der
Schädelplatte wegrasiert, an der Seite krass gekürzt,
einen Kranz belassen, mit exakt gestochen scharf
rasiertem und gestyltem, 2 Millimeter breitem Bart
oder mit rasiermesserscharf gezirkelten, spitzen
Koteletten.

Hier bei der *Goldenen Schere* lag nicht einmal eine
schnöde Illustrierte aus, in der ich hätte blättern
können. Ab und an lag auf der breiten
Fliesenfensterbank eine zerfledderte, türkische
Tageszeitung Hürriyet, ein paar DINA4-Plakate einer
türkischen Tanzveranstal-tung mit einem
orientalischen Barden oder ein Stapel Flyer vom
Döner-Schnellimbiss nebenan. Auf dem bunten
Handzettel wurde der ständig wechselnde
Mittagstisch zu unglaublich günstigen Preisen feil
geboten. Schon oft waren meine Augen an der
Pansensuppe für € 1,00 hängen geblieben. Die
türkische Küche schätzte ich sehr, eine Kuttelsuppe
jedoch würde ich nicht herunterkriegen. Das
Nationalgericht der Türkei wurde im Imbiss bereits
zum Frühstück angeboten. Mit meinem iPhone suchte
ich von der Fensterbank aus bei Google nach den
Zutaten der Spezialität. Die Zubereitung einer
Pansensuppe klang aufwendig:

> Nachdem die mit Salz eingeriebenen Kutteln
> einige Stunden gezogen haben, werden sie
> gewaschen und für mehrere Stunden in
> Zitronenwasser gekocht. Anschließend
> werden sie in feine Streifen geschnitten und
> zusammen mit Mehlschwitze in den Sud
> zurückgegeben und zu Ende gegart. Gewürzt
> wird die Suppe mit einer Mischung aus
> zerdrücktem Knoblauch und Essig. Beim
> Servieren wird noch ein Löffel zerlassene
> Butter mit angeröstetem Rosenpaprika
> hinzugefügt.

Obwohl das interessant klang, war mir klar: diese
Suppe mit Tiereingeweiden werde ich nie probieren.

Während ich über diese kulinarische Spezialität
grübelte, setzten die beiden Kunden, die vor mir

frisiert wurden, zur Verständigung Zeichensprache
zur erneuten Abstimmung der Haarlänge ein.

Die Musik plärrte türkischen Hip-Hop in den Raum
und im kleinen Berber-Laden im Amüsierviertel war
Hochbetrieb. Es war ein ständiges Kommen und
Gehen. Kling-Kasse-auf–Kling-Kasse zu. Salam
aleikum! - U aleikum assalaam!

Der Bräutigam

Zwei Wochen später drohte mein kleiner Damenbart schon wieder nachzuwachsen. Mein Schnurri spross. Im Spiegel entdeckte ich dunkle, harte Härchen über meiner Oberlippe. Es war wieder an der Zeit für einen Besuch bei der *Goldenen Schere*. Störte mich eventuell drohende Wartezeit auf der breit gefliesten, kühlen Fensterbank? Nein. Mittlerweile genoss ich dieses Ritual, mich alle zwei Wochen zur Haarentfernung *unter den Faden* zu begeben.

Auf der Suche nach einem Parkplatz kreiste ich im Rotlichtviertel mit all seinen Bordellen, schrillen Ladengeschäften, einschlägigen Bars, den Spielhöllen und Schnellimbissbuden umher. Heute musste ich weiter entfernt von meinem türkischen Berber parken, in der Innenstadt war die Hölle los.

Mein Fußweg führte mich vorbei an orientalischen Schmuckläden mit glänzendem Gelbgold im Schaufenster, an türkischen Restaurants, aus denen Holzkohlegrillduft vor die Türen strömte, an türkischen Bäckereien mit Honigleckereien und ich passierte auch etliche andere türkische Herrenfriseure. Viele davon machten mehr auf chic, waren moderner eingerichtet. Warum ich bei meiner Suche nach einem neuen türkischen Friseur so zielstrebig ausgerechnet auf die *Goldene Schere* zugelaufen war? Vermutlich weil die große, leuchtend gelbe Reklame mit dem blauen, fremdländischen Namen *ALTIN MAKAS* und der Abbildung einer riesigen Schere mich in ihren Bann gezogen hatte.

Nach einem Gruß in den Berberladen nahm ich mit einem bauchigen Teeglas auf der Fliesenfensterbank Platz. Der Mann, der gerade frisch frisiert und nass rasiert wurde, heiratete morgen Vormittag – das ging aus den lautstark geführten Konversationen hervor. Ich musterte den jungen Bräutigam. Wie sah diese feine Nass-Glattrasur bei dem starken, tiefschwarzen Bartwuchs wohl morgen früh aus? Würde die Braut von fiesen Bartstoppeln beim Küssen gepeinigt werden?

Der Kunde kannte seinen Friseur gut, denn auch Altin würde morgen unter den Hochzeitsgästen sein. Das Gesicht des Noch-Unverheirateten war weit bis zum Hals hinunter eingeschäumt.

Altin wollte von ihm wissen: „Fahrt ihr im Konvoi morgen?" Aus dem Schaumgesicht blickten zwei dunkle Augen fragend in die Runde: *Hä?* Altin rief schelmisch grinsend laut über seine Schulter in den Berbersalon: „Ey, der weiß nich, was 'nen Konvoi ist!" Der Bräutigam schien irritiert: „Konvoi... ey meinst Du brennende Autos auf Straße?" Altin schüttelte sich vor Lachen, klatschte auf die Schenkel, stupste den jungen Ehewilligen an und klärte diesen sogleich auf: "Ey, das macht man bei Hochzeit mit den Autos." Endlich war dem Bräutigam die Bedeutung des Wortes Konvoi klar. „Mit was fährs Du?" wollte Altin weiter wissen. „Ey Mann, die haben mir meinen Benz weggenommen, kannst Du Dir das vorstellen?!" Altin versuchte, sein Entsetzen zu schauspielern, zog die buschigen Augenbrauen hoch, lachte dabei: „Dann nimmst Du halt 'nen Esel!" Zwei der Bräutigam-Kumpels betraten den Laden und beteiligten sich sofort rege am Small Talk: „Mann, wir lassen Dich nicht im Stich morgen, is doch klar." Altin beendete sein Frisier-Rasier-Werk mit den Worten: „So Junge, letzter Haarschnitt in Freiheit, dann *Bye bye!* morgen heiratest Du. Morgen siehst Du, wer Deine wahren Freunde sind, mal sehen wer alles kommt." Der Noch-Junggeselle war mit den Gedanken woanders, eilte zur Kasse, zückte einen Schein und verschwand mit zwei Schritten nach draußen.

Dann war ich an der Reihe. Heute ging alles ganz fix. Zupf, Zupf, wenige Worte, eine Mini-Massageeinheit mit zarten, nach Zitrone und Kippe riechenden Fingern, Zitronendesinfektion auf die frisch bezupfte Haut, ein kleiner Berg Nivea über die Lippe verteilt und zwei Schritte zur Kasse. Altin hatte noch etwas vor, wollte heute ausnahmsweise mal früher gehen. „Ich bin Chef, das kann ich auch mal" hörte ich noch, bevor er schnellen Schrittes die *Goldene Schere* verließ.

Noch in der Tür eilte er an mir vorbei und wünschte

einen schönen Abend.

Auf dem Weg zu meinem Auto wählte ich die
Nummer meiner Freundin Sandra, wollte endlich mal
wieder mit ihr plaudern. Heute war irgendwie jeder in
Eile. Sie war kurz angebunden, wollte unser Telefonat
vertagen. „Lass uns morgen telefonieren, ja? Danke,
Tschüüüüüss!" Nur ich ließ mich nicht treiben. Ich
beschloss, noch einmal umzudrehen. So betrat ich
den Berberladen aufs Neue, um dort für ein paar
Minuten Tee schlürfend auf der breiten
Fliesenfensterbank zu hocken und türkischen Hip
Hop zu hören.

Improvisation ist alles

Auf die Frage, was das wichtigste Statussymbol vieler Männer sei, hatte ich stets eine Antwort parat: das Auto. Auch im kleinen, türkischen Berberladen hatte ich viele Gespräche über das Lieblingsthema Nummer Eins belauscht. Als ich heute wieder auf dem Frisierstuhl saß, bildete Altin elegant und gekonnt wie immer mit dem flammenden Band kleine Schlaufen über meiner Lippe. Mich schwieg er an.

Ein Typ auf der Fensterbank hatte ein spannenderes Thema zu bieten und führte mit Altin eine rege Unterhaltung. Er berichtete dem Berber mit Stolz geschwellter Brust, dass er jetzt ein neues Auto hatte. Es fielen technische Details im Sprachmix aus Türkisch und Deutsch. Hubraum, PS, Verbrauch usw. Dennoch erriet ich das Fabrikat noch nicht. Plötzlich fühlte ich mich in meine Jugend zurückversetzt, kam mir wie beim *Sportwagen-Karten-Quartett*-Spielen mit meinem Bruder vor. Ich lauschte weiter bis zwei magische Worte fielen: *mein Benz.* So ein Mercedes war ein feines Auto. Amerikanische Rapper trugen sogar einen Mercedes-Stern an einer langen Kette um den Hals. Das hatte ich schon oft in Musikvideos gesehen und jetzt schmunzelte ich darüber. Auf diese Weise konnte man allen zeigen, welchen Wagen man fuhr.

Während Altin sich weiter meinen Oberlippenhärchen widmete, hörte ich, wie der stolze Besitzer des Benz dem Berber sein Leid klagte: „Ey Alter, die Karre is noch nich ma zugelassen, jetzt brauch ich die roten Nummern, denn ich kann noch nich anmelden. Hab da ein Problem."

Das wusste man: diese Kennzeichen mit der leuchtend auffallenden Farbe waren nur für einen kurzen Zeitraum gedacht - zur Überführung von Fahrzeugen von *A nach B.* Die Betonung lag hier auf kurzzeitig.

Umso erstaunter war ich, als ich die Unterhaltung weiter belauschte. Altin lieferte ihm eine Lösung für das Zulassungsproblem, die man auch *arabisch geregelt* nennen könnte. „Nimmste rote Nummern, machste mit Doppelklebeband vorne dran. So kannste die auch an mehrere Autos an und abmachen." Die Miene des Kunden hellte sich schlagartig auf, er freute sich diebisch, klatschte sich auf die Schenkel und als nächstes folgte ein „Cool ey, gib mir Five ey!" Altin versicherte ihm mit der Mimik eines Autoverkäufers: „Hab ich zwei Jahre lang gemacht, geht gut." Mir Fensterbanksitzerin klappte vor Erstaunen der Unterkiefer runter.

Auch wenn Altin seine Arbeit über meiner Lippe wie immer gewissenhaft erledigte, wirkte er heute dennoch nicht ganz bei der Sache zu sein, war fahrig und ging schon zum x-ten Mal hinten in Richtung silbrig glänzenden Tee-Samowar, um sich das dampfende, schwarze, starke Gebräu nachzugießen oder raus vor die Ladentür, um eine zu rauchen. Ich fragte: „Was ist heute los?" Er brummte nur: „Problem mit Frau." Dann ließ er mich und den Kunden mit dem Rote-Nummern-Problem einfach sitzen, flüchtete mit einer Kippe im Mund vor die Tür. Mit dem Rücken zur großen Ladenfensterscheibe konnte ich nur sein sportives, angespanntes Kreuz sehen und jede Menge Zigarettenqualm, der in kleinen Schwaden in kurzen Abständen von eilig inhalierten Zügen empor stieg, wie kleine Rauchzeichen. Nach Nikotin miefend stellte er sich für das kleine Zupffinale noch einmal hinter mich.

Heute ging er auch gröber mit meiner zarten Oberlippe um, als sonst. Sogar meine geliebte Massagestreicheleinheit fiel extrem kurz aus. In meiner Lippe pocherte daher ein kleiner Presslufthammer-Schmerz und sie war geschwollen und tiefrot wie eine überreife Himbeere.

Das desinfizierende Zitronenwasser jedoch und der aufgetragene *Berg* Niveacreme sorgten rasch für eine schöne Optik. Es war an der Zeit, heim zu fahren. Mit einem schwarzen Nummernschild.

Verwöhnprogramm
für den Berber

Ging es um Süßes, musste ich gestehen: ich war eine
Naschkatze. Zum Café oder Tee durfte es gern etwas
zum Schlemmen sein. Wenn ich irgendwo essen
ging, scannte ich zuerst die Desserts auf der Karte,
um mich dann zu entscheiden, wie viel ich sonst noch
aß. Gleich saß ich bei meinem türkischen Berber
wartend und Tee schlürfend auf der Fensterbank.

Kürzlich hatte ich in unmittelbarer Nachbarschaft zu
ALTIN MAKAS einen kleinen türkischen Bäckerladen
entdeckt. Manche Disko-Partynacht hatte für mich
früh morgens in einem dieser 8 Quadratmeter großen
Paradiese für Naschmäuler ihren krönenden
Abschluss gefunden. Die landes-typische Spezialität
hieß Baklava. Blätterteig wurde mit gehackten Wal-
nüssen, Mandeln oder Pistazien gefüllt. Solange das
Gebäck noch heiß war, wurde es in Sirup aus
eingekochtem Zuckerwasser eingelegt und
anschließend in Rautenform geschnitten.

So stand ich mit Heißhunger auf Süßes im
Bäckerladen, betrachtete mit leuchtenden Augen die
gut gefüllte Auslage mit zuckerigen und klebrigen
Blätterteig-Teilchen. Mir grummelte der Bauch vor
Freude.

Der geschäftstüchtige türkische Bäcker bot mir einige
Stücke zur Verkostung an. Schmatzend überlegte ich,
ob es Mandel-, Pistazien- oder lieber die Nuss-
Füllung werden sollte. Weil ich mich nicht für eine
Sorte entscheiden konnte, kaufte ich letztendlich
gleich drei Stück von jeder Variante. Der motivierte
Verkäufer gab mir noch drei gratis Stückchen
obendrauf, weil er eine neue Kundin witterte.

Mit einer bunt und fremdländisch bedruckten
Pappschachtel und der zuckersüßen Fracht beladen
betrat ich die *Goldene Schere*. Der Chef und ich
begrüßten uns. Heute war wenig los, ich erspähte nur
einen weiteren Kunden im Laden. Vier Berber
machten gerade Pause, Altins Frisierstuhl war

unbesetzt. Ein seltener Anblick. Es dudelten schön klingende, türkische Liebeslieder aus den Boxen und ich setzte mich auf die breite Fliesenfensterbank. Schließlich hing an jedem Berberplatz das Schild *Nur nach Aufforderung Platz nehmen.* Altin wetzte zum Samowar, setzte sich dann mit zwei dampfenden gläsernen Goldrandgläschen neben mich. Dazu schenkte er mir ein breites Lächeln. Zu einer engen Jeans trug er heute ein grasgrünes T-Shirt mit *Los Angeles* – Aufdruck über seiner Brust.

Als ich die Schachtel mit den zuckersüßen, türkischen Leckereien aus der weißen, dünnen Plastiktüte hervorholte und den Pappdeckel öffnete, rutsche er ein bisschen dichter an mich heran und lugte hinein, um den Inhalt zu erspähen. Der Duft von Honig stieg in unsere Nasen. Er raunte mir ein tiefes und langgezogenes *mmmmhhhh* ins Ohr. Ich lud ihn mit einer Handbewegung ein, er solle sich bedienen „Moment" sagte er, verschwand in Richtung Samowar und kehrte mit zwei Plastikgabeln und weißen Servietten zu mir und den süß klebrigen Baklava zurück. Ich war baff. Altin nahm das erste Stück, stach mit der Plastikgabel mitten hinein, biss genüsslich ab und schloss beim Kauen sogar die Augen. Dann entfuhr ihm wieder dieses *mmmmmmhhh.*

Er genoss diese Leckerei sichtlich. Dieser Moment hatte etwas Intimes, es gab nur ihn und mich und sonst nichts, die Zeit verlor sich. Wir saßen da wie bei einem Picknick-Date, verdrückten jeder insgesamt zwei Baklava und schlürften starken, bitteren Tee. Pappsatt hockten wir einfach nur da, niemand drang in unsere kleine Sphäre ein. Nie hätte ich gedacht, dass ein Mann beim Anblick und Verspeisen von mit Zuckerwasser durchtränktem Blätterteig so aus dem Häuschen geriet...
Die Pappschachtel war noch gut gefüllt. „Möchte noch jemand?" pries ich mit lauter Stimme im Laden das zuckerige Gebäck an. Dass der Friseur, der direkt gegenüber von Altin seinen Kunden die Schädel schor, ebenfalls große Augen machte, überraschte mich wenig. Er war ziemlich mollig. „Ach geben Sie die Dinger ruhig ihm", sagte Altin und lachte, „... der

macht gerade Diät." Der Korpulente kam sofort näher, fingerte zwei Stücke Gebäck aus der klebrigen Schachtel und schlang diese mit Wonne hinunter.

Zufrieden griff Altin zur Garnrolle und begann mit der Haare-über-der-Lippe-weg-Zeremonie. Auf einmal hielt er zwischen zwei Zupfeinheiten inne und fragte mich: "Has Du Mann?" Ich war erstaunt, atmete tief durch und verriet: "Ja, einen Freund." Sein vermeintliches Interesse schmeichelte mir. Meine Augen suchten seine im Frisierspiegel. Sie leuchteten aber waren derart dunkel, dass ich rein gar nichts darin lesen konnte. *Und... hatte er eine Partnerin*? wollte ich im Gegenzug wissen, nachdem er neulich noch so fern ab der Welt wirkte und geschildert hatte, es gäbe *Probleme mit Frau*. „Also es gibt da Frau" verriet er mir in gewohnter Kürze. „Sehr schöne Frau. Sie is Deutsche." Wow. Ich wollte ihn weiter ausfragen, doch er begann einfach ein Gespräch mit dem Typen auf dem Nachbar-Berberstuhl in seiner Sprache. Wieder zu mir gewandt dankte er mir überschwänglich für die Baklava und bugsierte mich lächelnd zur Kassenschublade.

Der Weihnachtsbaum

Das Weihnachtsfest nahte, nur noch eine Woche bis Heiligabend. Draußen herrschte bereits klirrende Kälte, die Innenstadt ergoss sich in ein einziges Lichtermeer. An jeder Ecke dudelten besinnliche Weihnachtslieder, Menschen schoben sich im eingelullten Stimmungsdusel an Schaufenstern vorbei. Es herrschte dichtes Gedränge auf der Jagd nach dem richtigen Geschenk für die Liebsten.

Kurz vor dem *Fest*, am 23. Dezember, spross mein Oberlippen-Damenbart und ich befand es war Zeit, diesen zu eliminieren. Ich schob mich vorbei an Glitzerdeko, Lichterketten und Lametta, mied den großen Einkaufstrubel und steuerte direkt auf das Rotlichtviertel meiner Stadt zu, um meinen türkischen Berber auf zu suchen.

Alle Jahre wieder sann ich (gern ohne von diesem Klassiker unfreiwillig berieselt zu werden) über die gleiche Frage: Wo gelang es in dieser Stadt diesem allgegenwärtigen Weihnachtswahnsinn zu entrinnen? Ich fand nichts Schönes an dieser verordneten Glückseligkeit. Vielleicht im Mikrokosmos der *Goldenen Schere*? Ich freute mich auf laute, türkische Popmusik statt *Stille Nacht-Gedudel*. Und war mir sicher: Muslime feiern kein Weihnachten. Warum sollten sie die Geburt des Heilands feiern? Das erschien mir absurd. Gab es unter Türken überhaupt Christen? Schnee lag in der Luft und ich eilte mit großen Schritten auf die schrill gelb hinterlegten, blauen Leuchtbuchstaben *ALTIN MAKAS* zu.

Kurz vor der Tür stach mir eines sofort ins Auge: die breite Schaufenster-Scheibe der *Goldenen Schere* war komplett beschlagen. Drinnen herrschte hektische Betriebsamkeit. An sechs Waschbecken wusch man gleichzeitig volles, schwarzes Haar, schor anschließend unter Rasiermaschine und Schere die dichte Pracht. Nach kurzer Begrüßung nahm ich auf den breiten, durchgekühlten Fliesen Platz.

Altin empfing noch zwei Kunden vor mir nebst jenem auf dem Frisierstuhl. Mich trieb nichts, im Büro war alles erledigt, ich schob keine Aufgaben mehr vor mir her, morgen war Heiligabend. Heute drängten wir uns dicht an dicht auf der Fensterbank.

Hinter dem beschlagenen Schaufenster, an dem sich hier und da Tropfen gebildet hatten, die den Weg nach unten suchten, ließ ein ca. 1 Meter hoher Tannenbaum mit ebenso großem Durchmesser eine etwas andere Weihnachtsstimmung aufkommen. Er stand im Topf mit Erde auf der eisigen Fensterbank. Den Baum zierten knallbunte, mit fröhlich farbigem Glitzergarn umhäkelte Kugeln. Darüber hinaus warf eine an der Tanne befestigte Lichterkette ständig wechselnde Farben in den Raum. Ich war baff und sann bei ohrenbetäubender türkischer Popmusik erneut über die Frage: seit wann feierten Moslems Weihnachten?

Es dauerte noch circa 45 Minuten, bis ich endlich an der Reihe war. Mich fror. Zwischen Po und eisiger Fliesenfensterbank schob ich meine dicke Jacke. Mein Blick hing an der türkischen Weihnachtstanne im Berberladen. Als ich endlich auf dem Frisierstuhl Platz nehmen durfte, bat ich Altin sofort um eine Antwort auf meine ganz persönliche *Seit-wann-feiern-Muslime-Weihnachten*-Frage. Er schund ein wenig Zeit. „Feiern Sie mit Familie?" Na klar doch, ich schilderte mit wenigen Sätzen die alljährlichen Zeremonien im Kreise meiner Liebsten. Nun drängte ich auf eine Antwort von ihm, er schwieg zunächst. Altins Augen trafen meine im Frisierspiegel. „Ach, weißt Du, wir feiern einfach auch, weil alle feiern. Aber eben anders. Wir gehen halt abends weg und so. Außerdem: hier is Multikulti!" Um auf weitere Fragen nicht antworten zu müssen, begann er ein reges Gespräch mit dem Kunden auf dem Nachbar-Berberstuhl.

Nach Beendigung meiner Zupfprozedur nahm ich erneut mit heißem, türkischen Tee im üblichen Goldrandgläschen Platz, blieb im dichten Fensterbank-Gedränge direkt neben der in allen Farben blinkenden Tanne sitzen.

Es fiel ein Stück Weihnachtsbaumschmuck auf den
Ladenboden. Eine bunt mit Glitzerstoff bezogene
Styroporkugel kullerte Altin direkt vor die Füße. Der
hatte Spaß daran und schoss diese gekonnt zu
seinem Kollegen am Ende des kleinen Berberladens
hinüber. Blitzschnell entstand ein Fußball-Kick wie
beim Kleinfeld-Fußball. Der Star auf dem Platz war
die kreischend bunte Christbaumkugel. So wunderbar
locker konnte man mit dem Fest der Liebe, mit
Weihnachten in Deutschland umgehen. Die kleine
Kugel landete schließlich in einer Ladenecke und es
wurde weiter barbiert. Ich blieb frisch bezupft eine
Weile neben dem Baum sitzen. Im Gegensatz zu all
dem Jingle-Jingle-Gedudel und den Besinnlichkeits-
Appellen schien es hier wirklich gemütlich zu sein.

Gib ma Dein Handy her

Direkt nach Neujahr spross das Haar über meiner
weiblichen Oberlippe prächtig. Hoffentlich stand Altin
nach einer ausgiebigen Silvestersause trotzdem an
seinem Berberstuhl, um mich von meinem piksenden
Damenbart zu befreien. Im Rotlichtparty-Viertel lagen
Berge von Böller-Überresten und jede Menge leere
Sekt- und Bierflaschen in den Rinnsteinen herum. Die
Straßenreinigung kam gar nicht hinterher.

Ich bahnte mir den Weg zur *Goldenen Schere* und
freute mich, als ich Altin an seinem gewohnten Platz
sah. Versiert schor er einem jungen Thai-Mann mit
ultra-scharfer Klinge Kopf und Bartzone. "Schönes
Neujahr!" rief der Berber mir zu und nickte geschäftig
zum Gruß. Ich nahm auf der Fensterbank neben zwei
anderen Platz. Der Christbaum war fort, in der Ecke
vor dem großen breiten Schaufenster lagen die
letzten kleinen Überbleibsel einer bunten Party: ein
Häufchen Tannennadeln und eine pinke Glitzerkugel.

Als der Kunde vor uns auf dem Frisierstuhl fertig
barbiert war, schritt er zwei Meter zur Kasse, zückte
einen Schein, klopfte Altin auf den Oberarm,
Bruderkuss rechts, links und auf der Fensterbank
wurde ei-nen auf gerutscht. Noch zwei Kunden vor
mir. Mich trieb nichts. Herrlich. Ich bemerkte gar nicht,
wie die Zeit dahin rann, sog die Stimmung im Laden
auf. Die nächste filmreife Szene trug den Titel *Immer
locker bleiben.*

Der Typ, der jetzt auf Altins Frisierstuhl saß, trug
Jogginghose und Lederjacke. An den Berber gewandt
hob er die Hand und fragte: "Ey Faruq, kann ich mal
wen mit Dein Handy anrufen?" Faruq alias Altin zog
die buschigen Augenbrauen so sehr zusammen, dass
sie einen einzigen dicken Balken über seinen
blitzenden Augen bildeten und wog ab: „Wen denn?"
Der Typ entgegnete keck: „Meine Freundin eben."

Ich fand das frech und sann ein *Ey Alter, spinns Du?!*
Altin ließ das kalt: *Ja gut...* und schob das nagelneue

Smartphone über den Waschtischrand zum Kunden rüber. Der nahm das Handy und schalt lautstark: "Ey, is aus..." Die Antwort kam prompt: „Nee Mann, da steht auf Türkisch *Tastensperre an* und Du kanns kein Türkisch!" Altin lachte schelmisch. "Ey, mach mal an...!" befahl der Kunde seinem Berber.

Altin entsperrte die Tasten. Der Typ dankte nicht einmal, nahm lässig das blitzende, nagelneue Handy entgegen und wählte eine Nummer. Am anderen Ende meldete sich eine Frauenstimme. Die Dame war so laut, dass auf der breit gefliesten Fensterbank deutlich ihre Stimme erklang.
In einer mir unbekannten Sprache säuselte *er* immer wieder Verliebtheiten ins Smartphone. Ich spielte mein kleines Playback-Spielchen. Das machte mir Spaß. *Hey meine Süße, ich bin noch eben fix beim Friseur, lass mich rasieren, dann komm ich, um Dich abzuholen. Wir gehen essen und spazieren, ja?... Nein, dauert nich mehr lang,... Jaaaaaa, ich lass das wie beim letzten Mal schneiden, oben schön kurz und an den Seiten mit dem Rasiermesser weg... Nein, ich hab Dein Vater heute noch nich gesprochen.... Ey Du, lass uns später reden, ja? Der hat schon die Klinge in der Hand. Ich hol Dich mit dem neuen Benz ab, ja? Der is echt geil mit schön Leder drin und 'ner fetten Soundanlage. Wirste staunen. Bis dann Süße, ... ja das geht schnell hier...Jetzt leg endlich auf!* Obwohl ich kein Wort verstand, schob sich ein Schmunzeln in mein Gesicht. Altin stand geduldig daneben, trank Tee. Der Typ vergaß erneut, zu danken. Stattdessen kam nur ein: "Ey, Du muss aber sofort die Nummer aus Dein Telefon löschen, ja?! Das is *MEINE* Freundin...!" Er hielt das Gerät mit ausgestrecktem Arm hoch in die Luft und Altin griff danach.

War der Berber ein Weiberheld? Gab er einen Kunden dran, um mit einer Frau zu flirten? Er hatte doch gerade eine neue Eroberung am Start, oder? Was sagte der *Ehre-und-Freundschafts-Kodex* dazu? Man log vielleicht mal, wenn es die Situation erforderte, schwor leichtfertig Dinge, die nie geschahen, bog sich das Leben zurecht... doch NEIN, *so etwas* tat er, Altin, nicht.

Es verging eine Weile, dann kam ich endlich an die Reihe und *untern Faden*. Altin nahm sich alle Zeit der Welt, massierte sanft mit seinen weichen Zitronen-Rauch-Fingerkuppen die gereizte Haut über meiner Oberlippe.
Ich schmolz dahin. Diesen Moment genoss ich bekanntlich besonders. Ich schloss die Augen, es drang weder lautstarke türkische Hip-Hop-Mucke an mein Ohr, noch fühlte ich Schmerz. Das Stimmengewirr im Laden kroch dahin, wurde zu einer wabernden Geräuschwolke, die weiterzog, wie eine Karawane durch die Wüste.

Meiner fährt 370

Das neue Jahr war noch immer jung. Piksender
Flaum über der Lippe zeigte mir: es war wieder Zeit
für die *Goldene Schere.* Hoffentlich musste ich heute
nicht lang warten, denn ich war noch verabredet. Zum
Glück kam ich gleich an die Reihe. Aus den kleinen,
krächzenden Boxen im Laden erklang türkische Popmusik mit Geigenuntermalung.

Altin hob die Hand zum Gruß, er föhnte den Stuhl ab
und ich schwang mich auf den Frisiersitz. Ein
männlicher, derber, verschwitzter Duft stach in meine
Nase. Ich rang kurz nach frischer Luft. Der Berber
reichte mir ein kleines Glas mit Goldrand und Tee in
die Hand. Wortlos begann er sein Zupfwerk während
auf der großen breiten Fensterbank Vater und Sohn
Platz nahmen. Der Kleine war höchstens sieben oder
acht. Er spielte die ganze Zeit mit einem nagelneuen
iPhone herum. Ein Weihnachtsgeschenk? Der junge
Mann schien sich mit dem Benz unter den
Mobiltelefonen bestens auszukennen.

Statussymbole drangen früh in junge Köpfe. Altin
unterhielt sich, während er den Kampf mit meiner
Oberlippenbehaarung aufnahm, ständig mit den
beiden auf Türkisch. Zwischendurch fielen prägnante
Schlagworte in meiner Sprache: *Mein Auto...zeig
mal...* Der kleine Mann sprach perfekt Deutsch. Zu mir
gewandt sagte er: *Hey, guck mal, das ist mein Auto!*
Noch konnte ich mich für eine Antwort nicht zu ihm
drehen und als Altin mit der Garnfaden-Arbeit kurz
inne hielt, sagte ich: "Echt?" Der Junge zeigte mir
stolz eine ganze Fotoserie auf dem iPhone. Ich sah
einen zurechtgemachten Ferrari-roten Golf II ohne
Nummernschilder vor einer Garage stehen. "Das ist
meiner!" schwoll das Kinderstimmchen vor Stolz an
und ich staunte.
Sein Vater bestätigte diese Behauptung mit kräftigem
Nicken. Altin lächelte süffisant und zupfte weiter.
"Wow! Da musst Du ja bald den Führerschein
machen" sagte ich zu dem kleinen Angeber gewandt.
Der Vater stieß mit dem Zeigefinger in die Luft, als
wolle er sich in der Schule melden und präsentierte

mir weitere Fotos von seinem aufgemotzten Ferrari-
Testarossa. Nur wenige würden den mit einem
Heckflügel fahren. Rote Nummern am roten Italo-
Sportwagen gingen auch nicht. Sonnenklar, dass
Altin jetzt dagegen hielt. Der *Gegner* war ungleich
und circa 20 Jahre jünger, doch das war ihm egal.

Der Friseur forderte den Kleinen auf: "Guck mal, mein
Auto, gib mal bei YouTube rein: *M6 - G-Power...* der
fährt 370!" Zufrieden blickte mein türkischer Berber in
die Runde und ergänzte: "Das ist geiles Auto. Da bin
ich in 30 Sekunden auf 300 km/h." Ich riss die Augen
weit auf und staunte.

Dennoch: ich empfand es als komisch, dass nicht der
übliche Protz-Wert *von-0-auf-100-in-x-Sekunden* galt.
Ich kannte mich ein bisschen aus und wusste, dass
es sich bei einem *M6* um einen sportlichen BMW
handelte. Der Kleine begann im iPhone zu suchen,
ohne Erfolg. "Den find ich hier nicht. Welches Modell
ist denn das?" Altin schien genervt: "Musst Du kein
Modell sagen, musst Du nur M6-G-Power eingeben,
bei YouTube und schon kannst Du Video gucken."
Ein paar Suchmomente später lief der kleine Fahrfilm
und drei dunkel behaarte Köpfe hingen über dem
Handy-Display. Der Vater des Jungen enttarnte: "Hier
steht *Höchstgeschwindigkeit 345!*" Ich lächelte. Das
kleine Schauspiel fand ich großartig. Altin ließ sich
nicht beirren: "Doch, doch, meiner fährt 370, das steht
da nur nicht auf Tacho."

Das güldene Ding

Wo betrieb ich gern und oft Verhaltensstudien?
Richtig: in Warteposition auf der Fensterbank von
Faruqs *Goldener Schere*.

Ich wollte mich schon auf den Frisiersessel setzen,
da machte mir ein anderer diesen streitig. Er betrat
soeben den Laden und steuerte zielsicher auf den
Chefberberstuhl zu. Noch bevor er Jacke und Base-
Cap neben mich Wartende auf die Fliesenfensterbank
warf, platzierte er sein Handy auf der Ecke des
Barbier-Waschbeckens. Es war ein edles Gerät, mit
Blattgold verziert. Altin ließ Wasser ins Becken ein,
schob das teure Ding mit einer Hand einige
Zentimeter fort.

Der Kunde war komplett eingeschäumt. Die scharfe
Klinge glitt durch die Rasiercreme, zur Reinigung
tauchte Altin das Messer zwischendurch ins Becken.
Da klingelte das güldene Ding. Durch die zusätzliche
Vibration rutschte es gefährlich nah an den
Waschbeckenrand und drohte, in der Rasierlauge
abzutau-chen. Es war ein schönes Bild: das teure
Mobiltelefon wurde in letzter Sekunde von zwei
Fingern vor dem Absturz ins seifige Wasser gerettet.
Es wanderte direkt an das mit Rasierschaum
bedeckte Ohr. *Ey Alter, ja, geht super. Bin beim
Frisör, lass später über die Karre reden, ja?!
Tschüüüüüüss.*

Auch die nächste Konversation drehte sich um das
Statussymbol Nummer Eins.

Altin: „Wieviel kostet Dein Benz?“
Der Eingeschäumte: „So fünfundvierzig“.
Altin konstatierte mit der Miene eines Autohändlers:
„Super, die kosten sonst zweihundert, aber neu.
Super Preis, die kriegt man sonst mit AMG-Tuning für
fünfundsechzig, gebraucht.“

Das güldene Ding klingelte unentwegt und vibrierte
(und bewegte sich dabei gefährlich nahe an den
Beckenrand), doch der Eingeschäumte konnte keine

Gespräche annehmen. Altin schob das Handy auf ein
Neues weg und schalt: „Ey mach mal Deine Handy in
die Tasche, wird nass, ey!" Erneutes Klingeln. Kurzes
Schweigen, dann nahm die Unterhaltung wieder an
Fahrt auf.
Altin: „Wann kriegs Du Dein Auto?"
Der Eingeschäumte: „Ey ich fahr schon damit."
Triumphierend hielt Altin die Klinge in die Luft: „Mann,
gib mir die Karre und ich mach in einer Woche 'nen
Totalschaden draus!"

Der Kunde winkte ab und lachte in den Spiegel. Altin
war voll in seinem Element, philosophierte weiter über
schnelle Flitzer: „Ich kaufe besser 'nen 635er mit 300
PS oder sowas. Ist schön gemacht. Den Typen treff
ich Sonntag. *Bis zu 30% ich mache* hat er gesagt.
Das kann er mir machen plus 19%. Wär der Hammer
'ne?"

Ich verstand nur die Hälfte. Wenn Altin aufgeregt war,
wurde der Satzbau chaotisch. Ich lauschte gespannt.
Der Kunde prahlte weiter mit seinem Benz, den er für
fünfundvierzig (Tausend) kaufte. Spätestens mit dem
nächsten Satz wurde mir klar, warum ein Wagen, der
sonst *zweihundert* kostete, soweit unter Preis zu haben war. *Ey, ich hab bei meinem 'nen bisschen
gespachtelt und fertig. Brauch ich nich ma zu
lackieren.*

Abwechselnd klingelten nun das Goldhandy des
Kunden oder Altins Smartphone. Aktuell lag ein
weißes Samsung auf dem kleinen Regal an der Wand
neben dem Friseurspiegel.
Fast jedes Mal, wenn ich bei meinem Berber war,
hatte er ein anderes Gerät in Gebrauch. Das
Mobiltelefon des Chefs klingelte mindestens einmal
pro Barbiervorgang. Manch anderer Friseur wandte
sich in dringenden Fällen zum Telefonieren diskret ab
und entschuldigte sich dafür beim Kunden. Bei der
Goldenen Schere telefonierte jeder jugendliche
Berber, der etwas auf sich hielt, während der Arbeit.
Das Handy klemmte zwischen Wange und Schulter -
parallel wusch, schnitt und schor man den Kunden.

Nach *Mr. Goldhandy* war ich an der Reihe. Altin

pustete den Sitz mit dem Föhn ab und machte eine
einladende Geste mit dem Kopf.
Los ging's. Zwischen zwei Zähnen fixiert baumelte
der Garnfaden lose aus seinem Mund. Zum Einstieg
gönnte er mir das geschätzte Oberlippen-
Verwöhnprogramm. Beinahe zärtlich wanderten seine
weichen, warmen, rauchigen Zitronenfinger von der
Nasenwurzel aus in Richtung Mundwinkel. Mir entfuhr
ein leichtes *mmmmhhh*. Plötzlich hielt er inne, ich
öffnete die Augen und sah ihn betörend lächeln. Zwei
tiefschwarze Augen funkelten mich an wie Sterne.
Nun drangen wieder türkische Liebeslieder-
Fragmente an mein Ohr, die ich bis eben komplett
ausgeblendet hatte. Selbst das Zupfen war kaum
spürbar. Nach der flammenden Prozedur entfernte er
vorsichtig letzte Mini-Härchen, die die Garnschlaufen
nicht erwischten, mit der Spezialpinzette. Wieder
zartes Streicheln zur Beruhigung der Haut,
aufgetupftes Zitronenwasser zur Desinfektion und die
dicke Nivea-Schicht aus der Familiendose. Er suchte
den einzigen Handspiegel des Ladens und putzte ihn
an der Jeans blank. „Und?!" mit hochgezogenen
Augenbrauen stand er verführerisch lächelnd dicht
hinter mir. Seine Unterarme legte er absichtlich
unabsichtlich auf meinen Schultern ab und hielt mir
so den Handspiegel vor die Augen, ich begutachtete
das Ergebnis. „Oh danke, ich bin wieder schön, das
ist ja toll geworden!" In mir wuchs das Verlangen, ihn
kurz zu berühren. Meine Fingerspitzen nahmen
rechts und links Kontakt mit seinen enthaarten,
muskulösen, braunen Unterarmen auf. Er lächelte
zufrieden.

Im nächsten Moment stand ich an der kleinen
Kassenschublade und zahlte meine vier Euro plus
Trinkgeld. Das gab ich jedes Mal. Glücklich enthaart
trat ich vor die *Goldene Schere* und stand mitten im
Rotlichtviertel meiner Stadt. Es brach bereits
Dunkelheit herein, mein Blick wanderte hinüber zu
den Leuchtreklamen der Bars und Geschäfte. Auf
dem Weg zu meinem Auto begegneten mir Freier,
Spielhöllen-Besucher, ein bunter Multikulti-Mix,
Prostituierte und auch Polizei, die hier regelmäßig
Streife ging.

All das gehörte zu einem Besuch der *Goldenen Schere* dazu. Nie hatte ich Schiss. Der Alltag der schillernden, schrägen Welt inmitten des Amüsierviertels meiner Stadt schien einen eigenen Rhythmus zu haben.

Ganz weit weg

Gute zwei Wochen später war es wieder Zeit, mein
Ritual zu pflegen. Ich verreiste bald und wollte
meinen *Schnurri* zuhause lassen. Kaum saß ich auf
Altins Stuhl, fragte mich mein türkischer Berber nach
meinem Befinden. Durch meine zahlreichen Besuche
in seinem kleinen Laden waren wir uns schon ein
wenig vertrauter. Ich hatte sogar den Eindruck, dass
er nicht nur aus Höflichkeit fragte. Er klemmte das
flammende Band zwischen seine blitzweißen
Frontzähne und zupfte los.

Altin: „Und, was geht?"
Ich: „In ein paar Tagen geht's in den Urlaub".
Altin: "...Alleine oder mit Mann?"
Ich: „Wir fliegen zu zweit. Es geht nach Italien."
Altin: „Oh schön. Ich geh vielleicht noch mal nach
Hause, in Dorf bei der Stadt Sanliurfa, total weit im
Osten der Türkei."

Mit seinem behaarten, gebräunten Arm zog Altin
einen riesigen Bogen durch die Luft und zeigte in eine
Richtung. Er wirkte so überzeugend, dass ich ihm
auch geglaubt hätte, dass das weit entfernte Mekka
hier gleich um die Ecke läge.

Sein Zuhause lag tief im Osten der Türkei, ganz weit
weg von hier und er war Kurde. Vor ein paar Wochen
hatte er mir erklärt, dass Kurdistan kein Land ist.

"Wie kommt man da hin?" wollte ich wissen. „Ist dort
ein Flughafen in der Nähe der nächst größeren Stadt
Deines Dorfes?" Altin nickte. "Ja, mit Flugzeug, denn
mit Auto is zu weit. Mein Dorf ist noch 1500 Kilometer
von Istanbul entfernt." Er legte den Faden zur Seite,
suchte mit den Augen auf der Ablage am Spiegel
zwischen Geltöpfen und Rasierpinseln die kleine
Spezialpinzette.
"Wow!" entfuhr es mir. „In Istanbul war ich auch mal.
Tolle Stadt und sehr groß." Altins Augen leuchteten.
"Oh ja, riesengroße Stadt ist Istanbul. Da is jeder
Stadtteil so groß wie unsere ganze Stadt!" Sein
ausgestreckter Arm wies hinaus ins Rotlichtviertel,

malte einen Riesenbogen in die Luft. Dabei grinste er
triumphierend. Soviel Superlative musste erst einmal
verinnerlicht werden. Ob er bei der Größenangabe
Istanbuls so maßlos übertrieb, wie bei anderen
Erzählungen (*meiner fährt 370*) wusste ich nicht. Es
war mir auch egal. Ein bisschen übertreiben und
Fakten frisieren schien bei ihm stets dazu zu
gehören.

Für die weitere Arbeit legte er sich zwei Garnrollen
unterschiedlicher Fadenstärken sowie die
aufgefundene, winzige Pinzette auf dem schwarzen
Waschbecken zurecht. Während er zupfte, schloss
ich die Augen. An meine Ohren drang eindringliche
türkische Folklore-Musik. Meine Gedanken verreisten
mal eben nach Istanbul. Die Musik im Laden trieb
mich in die Stadt am Bosporus. Diese faszinierende,
flirrende Metropole hatte ich vor mehr als zehn
Jahren besucht. Zu der Zeit hatte man dort Ramadan,
die Fastenzeit zelebriert. Die Stadt Istanbul hatte
mich sofort in ihren Bann gezogen. Das geschäftige
Treiben auf den Straßen, dieser nicht einmal nachts
endende unsägliche Straßenverkehr, die breite
Brücke über den Bosporus, das touristische
Bauchtanzlokal, Köfte-Frikadellen, Apfeltee und die
süßen, mit Honig getränkten Desserts.

Die türkische Folkore-Popmusik um mich herum
wurde lauter. Meine Finger tippten im Takt des
melodischen Refrains auf meine Oberschenkel.
Vorsichtig öffnete ich die Augen, observierte meine
direkte Umgebung. Noch immer saß ich unter grellem
Neonlicht auf Altins Frisierstuhl. Die Zeit schien für
einen Moment still zu stehen, ich war abgetaucht.
Nun spürte ich, wie seine rauchigen Finger sanft
Zitronenwasser auf die frisch enthaarte Haut tupften
und im Anschluss Niveacreme über meiner Oberlippe
verteilten. Ich hörte mich sagen: *Sukran* und kramte
mein Portemonnaie hervor. Er lächelte mich an und
entgegnete sofort : „Das ist Arabisch und heißt
DANKE, is nicht meine Sprache. Bei uns heißt das
teşekkürler." Entwaffnendes Lächeln.

Ich zahlte, machte einen Schritt durch die Ladentür
nach draußen, verließ das Rotlichtviertel und ging

nach Hause zu meinem Freund, zurück in meine
geordnete Welt.

Türkisch Wasser

Männer, insbesondere diejenigen, die sich nass rasierten, schätzten die desinfizierende Wirkung von Aftershave. Es zwiebelte oder brannte, wenn Spuren von Alkohol mit frisch rasierter Haut in Berührung kamen. Zurück blieb eine schöne, glatte Haut. Frauen liebten Aftershave meist wegen des verführerischen Duftes, der die Männer umhüllte.

In Altins türkischem Herrensalon kam nur ein einziges desinfizierendes Rasierwasser zum Einsatz. Es verbreitete einen extrem frischen und betörenden Zitronenduft. Bei der *Goldenen Schere* stand es an jedem Berberwaschbecken in Reichweite. Das Duftwässerchen aus den durchsichtigen, unscheinbaren Plastikflaschen war das türkische Aftershave Nummer Eins und trug schlichtweg den Namen *Kolonya*. Von einer türkischen Bekannten erfuhr ich, dass ihre Landsleute das beliebte Zitronenwässerchen nicht nur zur Desinfektion und Aftershave nach der Rasur verwandten. Auch gegen Fußpilz, als Deodorant unter die Achseln oder auch zum Hände säubern nach dem Essen kam es zum Einsatz. Bei Zahnschmerzen gurgelten manche sogar damit. Das wäre fast so, als würden wir uns mit *Kölnisch Wasser 4711* den Mund spülen...

Beim Auftragen des *Türkisch Wassers* namens *Kolonya* konnte ich ein bestimmtes Ritual ausmachen. Zuerst wurde es in rauen Mengen aus der durchsichtigen Plastikflasche in die Hände des Berbers getropft. Dort verteilte man es mit lautem *Patsch Patsch*. Dann wurde der Kunde an den Wangen, auf der Stirn und unter dem Kinn damit betupft. Sofort zog ein frischer, fruchtiger und intensiver Duft durch den Raum. Auch der meist kahl rasierte Schädel wurde mit Zitronencologne einbalsamiert. Dann folgte die finale Geste: wildes Gewedel hinter dem Kunden mit einem kleinen Frottee-Handtuch wie bei einem Sauna-Aufguss. Ein scharfer, zunächst alkoholischer Zitronenduft wehte durch die Luft, erfüllte das nähere Umfeld.

Ich fand diesen Geruch herrlich. Er hing an Altins rauchigen Fingern, wenn er mir mit diesen über meine Oberlippe strich oder das flammende Band zur Enthaarung schwang. Selbst auf meine zarte Mädchenhaut wurde das Cologne nach der Zupfprozedur über dem Mund aufgetupft. Der scharfe aber schnell verfliegende alkoholische Geruch des Türkisch Wassers stieg rasant in meine Nase. Nach einem kurzen Moment folgte dieser feine Duft eines ganzen Zitronenhains und hinterließ ein Lächeln auf meiner frisch enthaarten Oberlippe.

Ich saß, auf Altin wartend, auf der breit gefliesten Den sterbank und beobachtete und genoss das Frisörtreiben vor mir. Direkt neben dem Chef-Berberstuhl saß ein junger Mann, vielleicht gerade 16 Jahre alt. Er wurde frisiert und hinterher mit der bewährten Methode mit einer megascharfen, blitzenden Klinge nass rasiert. Danach das übliche Prozedere: mit dem Kopf vorn über ins Berberbecken gebeugt, wusch man ihm den restlichen Rasierschaum fort, tupfte die Haut mit einem Handtuch trocken.

Es folgte das Aftershave *Türkisch Wasser* und die beschriebene Handtuchwedelei. Als der junge Kunde direkt im Anschluss eine kurze Gesichtsmassage fürs Wohlgefühl und zur Beruhigung der Haut erhalten sollte, stand er bereits neben dem Frisierstuhl, wollte in Richtung Kasse stürzen. Von meinem Fenster-Logenplatz aus beobachtete ich das Szenario und musste lächeln. Er war ziemlich verdutzt, als Altin losdonnerte: „Ey Du bist hier nicht beim Dorffriseur, Mann! In unserem Namen ist GOLD mit drin!"

Die Wanduhr

Es gab bei *ALTIN MAKAS* etwas, das zog immer
wieder aufs Neue meine Blicke auf sich, wenn ich
wartend auf der breiten, kühlen Fliesenfensterbank
hockte.

Am anderen Ende des kleinen Ladengeschäftes hing
eine Wanduhr. Sie prangte an der lindgrün
getünchten Wand gegenüber des türkischen
Samowars. Das Ding zog viele Blicke auf sich: ein
polierter Kupfertel-ler, mit einem Hammer bearbeitet,
ihn zierten viele kleine Dellen. Eine echte Schere -
zwar nicht aus Gold sondern aus Messing – fungierte
in der Mitte als Uhr-Zeiger. Am Kopf der Kupferteller-
Wanduhr stand in großen Messingbuchstaben *ALTIN
MAKAS*... was sonst! Bisher konnte ich nicht
ausmachen, ob die Uhr auch lief.

Immer blieben meine Augen in der Mitte an der
Schere hängen. Irgendwie schien die Zeit zu stehen,
wenn man auf diese kitschig schöne Wanduhr blickte.
Manchmal, wenn ich auf der gefliesten Fensterbank
wartete, vermischten sich um mich herum die
Geräusche des Ladens. Es war eine Art Potpourri aus
surrenden Rasiermaschinen, türkischem Getratsche,
Begrüßungszeremonien und lautstarker, schöner
Oriental-Musik aus kleinen, plärrenden
Lautsprechern. Meist hing ich meinen Gedanken
nach. Ich spann meine eigene Version von *1001
Nacht* – der Geschichte der schönen Scheherazade,
sann über die Hektik des Alltags, die hier ganz und
gar von mir abfiel. Themen aus meinem umtriebigen
Arbeitstag, die mich eben noch bewegten,
verschwanden und mein Blick fiel auf diese etwas
andere, für mich schöne Wanduhr mit den Zeigern,
die für den Namen des Ladens standen.
Es war ganz egal, ob sich die beiden Zeiger der
goldfarbenen Schere in der Mitte der Kupferuhr
bewegten. Der Anblick allein sorgte bei mir schon für
gute Laune.

Die Wanduhr stimmte mich selbst dann noch milde,
wenn Altin mich mal länger warten ließ. Er arbeitete

die Kunden schön der Reihe nach ab. Hier schien einfach nix mit Termin zu gehen. Schon mehrfach hatte er mir seine Visitenkarte in die Hand gedrückt. Darauf stand seine Handynummer mit Kuli korrigiert, denn es war häufiger mal eine andere. „Rufen Sie kurz an, dann machen wir Termin" waren Altins geschäftige Worte. Ich hatte noch nie angerufen, machte es wie alle anderen. Man kam einfach rein, wog mit Blick auf Wartende ab oder fragte, wie viele Kunden vor einem dran waren und entschied, ob man blieb.

Das war ein System, das alle überzeugte. Die meisten Kunden verloren keine Zeit, zogen noch einmal los, aßen lecker Türkisch ums Eck oder zockten in der Spielhalle gleich nebenan. Wenn der Chef die Stirn in Falten legte, einen geschäftigen Blick aufsetzte und einen mit den Worten empfing: „Du.... is viel los… Stunde" bedeutete das: *Entweder Du wartest, oder Du kommst in 60 Minuten wieder.*

Ich nahm fast immer auf der mir wohl vertrauten, breiten Fensterbank im Schaufenster Platz und genoss das orientalische, leichtfüßige Treiben. Bei manch einem deutschen Coiffeur gab es bei dieser Art der Terminverwaltung nur Stress. Wir Deutschen schienen warten zu hassen oder waren wir einfach zu getrieben?

Stimmungsschwankung

Die letzte Zupf-Prozedur mit dem flammenden Band
lag nun schon mehr als drei Wochen zurück, mein
Damenbärtchen spross und mir graute vor den
unvermeidlichen Schmerzen - auch, wenn *mein*
Berber sie zu lindern versuchte.

Nach kurzem Händeschütteln deutete mir Altin mit
einem düsteren Blick auf die Fensterbank an, dass
ich dort Platz nehmen sollte. Außer mir sah ich keine
wartenden Kunden. Er verschwand auf eine Zigarette
vor die Tür. Obwohl ihn einige Passanten grüßten,
blickte er starr und wortlos ins Leere. Nichts drang zu
ihm durch. Seine Kippe glomm im Mundwinkel
hängend und er schien gedanklich weit fort zu sein.

Mein kurdischer Berber war Ende zwanzig, meistens
gut gelaunt und hatte beinahe immer einen lockeren
Spruch auf den Lippen. Doch heute schien das
persönliche Launebarometer von Altin, der *Goldenen
Schere*, ganz unten zu stehen und seine Mimik wirkte
theatralisch schwermütig. Selbst seine Kleidung war
heute wie *in Trauer*. Sonst präsentierte er sich gern
farbenfroh, doch heute hatte er zur Jeans ein enges
schwarzes Herrenoberhemd an, die Ärmel bis über
die Ellenbogen gekrempelt. Im kleinen Berberladen
im Rotlichtviertel meiner Stadt liefen abends um 19
Uhr türkische, wuchtige, traurige Liebeslieder, wo
sonst türkisch Hip-Hop oder Pop für gute Stimmung
sorgten.

Nach der kleinen Raucherpause betrat Altin mit
einem neuen Kunden den Laden und grummelte
unwirsch mit finsterem Blick: „Das kann dauern,
Stunde. Noch drei Personen..." Ich hoffte insgeheim,
dass die genannten drei Kunden *NACH* mir
drankamen, denn mein Hintern war schon ganz kalt.

Der Typ nahm neben mir Platz. Altin blieb vorn an der
Kasse stehen, brummte mit einer Bass-Stimme ein
bis zwei tieftraurige Lieder, trällerte manche
Textpassage schwermütig mit. Daran bestand kein
Zweifel: mein Berber war übellaunig und kurz

angebunden. Ausgerechnet heute wollte ich ihm erzählen, dass ich geheiratet hatte.

Als ich wider Erwarten als Nächste auf dem Frisörstuhl Platz nehmen durfte, beschloss ich, erst mal nichts zu sagen und mit ihm zu schweigen. Kaum saß ich, schmiss er mir wortlos ein kleines buntes Handtuch über die Schultern und strich mit rauchigen Zitronenfingern über meine Oberlippe. Ich hatte schon befürchtet, er würde schlecht gelaunt das flammende Band grob wie einst Hatice im Schickimicki-Kuaför-salon über meiner Oberlippe schwingen.
Doch Nein! Er schwieg zwar noch immer, doch seine Finger glitten sanft wie sonst auch über meine Oberlippe, wenn auch seine finstere Miene mich keines Blickes würdigte. Doch plötzlich hielt er inne. Der Garnfaden klemmte zwischen seinen Frontzähnen, hing lose herunter. Ihm fiel auf, dass ich noch keinen Tee hatte und er eilte nach hinten durch den kleinen Laden zum silbrig glänzenden und brodelnden Samowar. Seine Gewissenhaftigkeit litt also nicht unter seiner Laune. Ab und an schlürfte ich aus dem bauchigen, dampfenden Glas mit Goldrand. Ich musterte ihn im Spiegel, er schien durch mich und alle anderen hindurch zu blicken. Ich wollte ihn fragen, was los war. Doch immer, wenn ich einen Satz begann, kam entweder ein Kunde, der ihn begrüßte oder sein Handy klingelte irgendwo. Dann verlor er nur wenige Worte am Telefon und steckte das Ding dann jedes Mal woanders hin. Er wirkte zerrissen.

Warum sollte er ausgerechnet mir sein Herz ausschütten, fragte ich mich und blieb weiterhin ebenfalls stumm. Schweigen hatte meiner Meinung nach auch etwas Schönes. Mit den meisten Menschen war schweigen eher unangenehm. Hier saß ich nun, lauschte den traurigen Liebesliedern und hing meinen Gedanken nach und auch mein Blick ging ins Leere.

Urplötzlich spürte ich zwei Unterarme auf meinen Schultern. Ich hatte gar nicht bemerkt, dass Altin nicht mehr zupfte. Fast schon erschrocken blickte ich in

den runden Spiegel, den er mir zur Begutachtung
dicht vor die Nase hielt. Als ich zur Seite schaute, sah
ich zwei gebräunte und dunkel behaarte, muskulöse
Unterarme. „Na, is gut?" Mir huschte ein Lächeln
übers Gesicht und ich antwortete: „Oh ja, Du hast
mich wieder hübsch gemacht." Altin legte das
Handtuch beiseite und ich wollte ihm endlich noch
etwas sagen. „Hey, ich hab geheiratet." Seine bis
dahin immer noch ernste Miene hellte sich schlagartig
auf. Endlich kam es wieder zum Vorschein, dieses
warmherzige Altin-Lächeln. Mit zwei Händen
schüttelte er meine rechte Hand, schien sich ehrlich
für mich zu freuen. „Nächstes Mal gebe ich 'nen
Ayran aus", schob ich noch hinterher.

In dem Moment sorgte ein Geräusch für unser beider
Ablenkung. Aus dem kleinen lindgrün getünchten
Wandregal neben dem Berberspiegel ertönten eindringliche, musikalische Töne. Es war Altins Mobiltelefon, das laut dudelte. Der Chef wechselte seine
Klingeltöne beinahe so oft wie seine Handys. Bei
meinem letzten Besuch wurden eingehende Anrufe
mit einem aktuellen Dancefloor Hit aus den
deutschen Top10 angekündigt. Jetzt erklang ein
traditionell orientalisches Instrument aus Altins
Smartphone: der Ton einer Mizmar. Das Ding klang
ähnlich wie eine Oboe, nur ein wenig *quäkiger*. Ich
fand es schön, es vermittelte ein bisschen Orient,
Bauchtanz, eine für mich ferne Welt. Zu den Klängen
in meinem Kopf tänzelte ich die zwei Schritte zur
Kassenschublade.

Kleine Feier ohne Alkohol

Circa zehn Tage später stand ich mit zwei Bechern Trinkjoghurt Ayran und Gebäck vom türkischen Bäcker aus dem Viertel beladen in der Tür der *Goldenen Schere*. Altins sofortiges Lächeln, als er mich und das leckere Mitbringsel sah, konnte schöner kaum sein. Schon einmal hatte ich bei meinem türkischen Berber mit Süßgebäck für wahre Begeisterung gesorgt, ihm ein verzücktes Schmatzen und ein gerauntes *mmmmmmhhhh* entlockt. Darum hatte ich heute wieder Leckereien im Gepäck. Ich gab ihm *einen aus* und er schmolz dahin. In der kleinen Pappschachtel mit buntem Aufdruck befanden sich türkische, gesalzene Kekse und ein paar Stückchen Baklava. Die Honiglasur lief so schön über die Finger, bevor man sich die klebrigen Blätterteigdinger in den Mund schob.

Es war kein anderer Kunde für den Chef in Sicht. Wir nahmen mit der süßen Fracht auf der breit gefliesten Fensterbank Platz. Er reichte mir höflich eine Serviette. Wo zauberte er die denn her? Schnell wurde mir klar: das hier war eine kleine Feier der etwas anderen Art. Wir prosteten uns anlässlich meiner Hochzeit nicht – wie allgemein üblich – mit Hochprozentigem zu. Ich öffnete den mitgebrachten Trinkjoghurt, hob meinen Plastikbecher zum Anstoßen in die Höhe und wir schlürften Ayran auf mein zukünftiges Wohl und meine Ehe.

Die anderen Friseure reckten neugierig die Hälse. Beinahe wie gute Freunde saßen Altin und ich genüsslich schmatzend auf der Fliesenfensterbank. Der übliche geschäftige Frisiersalontrubel rauschte an uns vorbei. Er nahm sich Zeit für mich. Surrende Rasiergeräte, laute Popmusik in türkischer Sprache, ein konstantes *Rein und Raus* von Kunden, nichts konnte unser kleines Picknick auf dem Präsentierteller der *Goldenen Schere* stören.

Altin naschte abwechselnd gesalzene Kekse und Blätterteigteilchen. In seinem Schoß sammelten sich jede Menge Krümel. Er nahm einen großen Schluck Ayran mit honigverschmiertem Mund. "Und...ist gut.. die Hochzeit?" Es reichten auch wenige Worte, um zu fragen, *ob sich die Ehe gut anfühlt für mich...* Ich nickte glücklich. Das reichte ihm.

Er stellte keine weiteren Fragen, machte mit der Hand eine einladende Geste zum Frisierstuhl und begann sofort mit seiner Arbeit der Haarentfernungskunst. Die letzten Reste Honig an seinen Fingern schmierte er absichtlich unbeabsichtigt über meine Oberlippe. In SPA-Zentren zahlten Frauen für eine Honigmaske viel Geld... Mir entfuhr ein für ihn hoffentlich kaum hörbares *mmmmh.* Am liebsten wollte ich mit der Zungenspitze drüber lecken. Das ließ ich besser bleiben. Schließlich saß ich, frisch verheiratet und als einzige Frau in einem türkischen Männersalon.

Ich wollte gerade aufstehen, um zu zahlen, da klingelte mein Telefon. Also machte ich den Berberstuhl frei und rutschte rüber auf die Fliesenfensterbank. Meine Freundin Sandra war dran. „Süsse, ich muss Dir was erzählen!" zwitscherte sie ins Telefon. Dann berichtete sie mir von ihrem neuen Freund. Seit ein paar Wochen ginge das nun schon so. Er sei einfach wunderbar. So anders und es wäre alles sehr intensiv. „Wann stellst Du ihn mir denn mal vor? Ich platze vor Neugierde!" Kurzes Schweigen in der Leitung. „Äh ja, bald einmal. Du lernst ihn schon noch kennen. Weißt Du,.... es ist alles nicht so einfach..." Seit wann machte sie solch ein Geheimnis aus ihrem neuen Partner? „Ist er etwa verheiratet?..." Die Antwort kam prompt. „So ähnlich..." Auch das noch. „Erzähle mir das doch mal ganz in Ruhe, lass uns bald mal treffen, ja?"

Der fliegende Händler

Obwohl es für mich nach dem Telefonat an der Zeit
war zu gehen, stand Altin noch mit einem Goldrandglas starkem Tee vor mir. Den Bauch voll Ayran,
Baklava, Kekse... das machte träge. Er setzte sich
noch einmal zu mir auf die breite Fliesenfensterbank
und präsentierte mir dieses zufriedene, satte Lächeln,
das man von Babys kennt und öffnete die
Pappschachtel mit den süßen Leckereien aufs Neue,
pries mir den Inhalt an, als hätte ich diesen noch nie
gesehen. Mit klebrigen Fingern vernaschten wir die
letzten beiden Baklava-Stückchen, als ein Lieferant
den Laden betrat. Er brachte der *Goldenen Schere*
eine Ladung neuer Haartrockner und
Rasiermaschinen, die er gleich packungsweise
unterm Arm trug. Altin sprang auf, um die Ware
entgegen zu nehmen. Die verbeulten Kartons sahen
aus, als wären sie direkt von einer Speditionsrampe
gefallen.
Der Chef begrüßte ihn mit einer verbalen
Anschuldigung: "Hey wie geht's?!... Übrigens hast Du
nur halb gebracht..., den Rasierer dort... ey da fehlt
was!" Der Berber zog die Schulter in Richtung Ohren,
baute sich wie ein Ringer auf, das Kinn zur Brust
geneigt und zeigte mit ausgestrecktem Arm auf einen
der Frisiertische. Auf der Ablage stand lediglich der
Untersatz einer Rasiermaschine, die Ladestation.
Vom Rasiergerät keine Spur.

Der fliegende Händler griff in seine Jackentasche und
zauberte eine Rasiermaschine aus einer milchigen
Plastiktüte, auf der per Hand eine Zahl drauf gekritzelt
war, hervor. "Nimm die hier." Ich staunte von meinem
Logenplatz aus nicht schlecht. Das Ding sah aus, als
käme es aus einem Restbestand, einer anderen
Packung, einem Lager, direkt aus einer Lieferung, die
keiner vermisste. Wen interessierte das schon
woher...? Altin beäugte das Gerät skeptisch und ließ
es noch in der Luft los surren, schob sogleich seinen
Hemdsärmel hoch und ließ das Ding ohne zu fackeln
mit einem sonoren Brummen über seinen
braungebrannten, sportlichen Unterarm fahren. Im Nu
waren dort alle tiefschwarzen Haare auf einem

kleinen Streifen fort. Rechts und links blieb ein
bisschen Haar wie eine Art Rasenkante stehen. Auf
Altins Unterarm sah es jetzt wie auf einer Landebahn
aus...
Ihm entfuhr ein lautes "Wow, is gut!" Ich blickte wie
gebannt auf die Schneise unterhalb der Armbeuge.
"Siehs Du...!" sagte der Händler überzeugt.
Barzahlung. Kling-Kasse-auf-Geld-raus-Kling-Kasse-
zu. Hier wurde nicht aufwendig schriftlich reklamiert
und zur *Mängelbeseitigung* nachgeliefert. Es wurde
praktikabel *agiert* und die fehlende Ware persönlich
abgegeben. Improvisation und die Dinge einfach und
direkt zu regeln, stand hier auf der Tagesordnung.
Das gefiel mir. Nun zahlte ich und fand endlich den
Weg nach Hause.

Autoskooter

Wochenanfang, das Bärtchen spross schon wieder und es war Zeit für einen Besuch bei Altin. Im Vergleich zu einem Donnerstag, Freitag oder Samstag war es relativ ruhig bei *ALTIN MAKAS*. Ich kam sofort dran. Der Chef begrüßte mich freundlich, verschwand in Richtung Samowar und kehrte mit zwei Teegläsern zurück. Mir gab er ein Goldrandgläschen, er trank aus einem dreimal so großen gläsernen Teepott. Ich wollte gerade ein wenig Konversation betreiben, da schnappte er sich auch schon die Garnrolle, rollte circa einen Meter runter, riss den Faden mit den Zähnen ab und klemmte das eine Fadenende zwischen die Frontzähne. Bevor er damit begann, meine Oberlippe von den lästigen Haaren zu befreien, stellte er sich hinter mich.

Durch den Spiegel musterte ich sein bunt gestreiftes, gut sitzendes Oberhemd mit Aufdruck. Seine rauchigen Zitronenzeigefinger traten eine kurze Reise von der Nasenwurzel aus nach außen in Richtung Mundwinkel an. Ganz sanft und doch mit leichtem Druck strichen seine Finger beinahe zärtlich über meine Lippe. Ich schloss die Augen. Von mir aus konnte diese kleine Entspannungsmassage ewig andauern. Ob er merkte, wie sehr ich das genoss? Während meine Ohren den türkischen Liebesliedern lauschten, drifteten meine Gedanken ab.

Ich fragte mich, ob er immer so sensibel mit seinen Fingern umging und ob es noch immer die schöne, deutsche Frau in seinem Leben gab. Bei meinen Besuchen hatte er hier und da ein paar Worte zu der mysteriösen Dame seines Herzens fallen lassen. Verhielt sich mal wie ein frisch verliebter Junge, war dann wieder betrübt und übellaunig. Das ging mich ja auch nichts an.

Ich schmolz unter seinen Fingern dahin. Wenn einer so zärtlich mit den Händen umgehen konnte, regte das weibliche Fantasie an. Ein wenig erschrocken schob ich die Bilder in meinem Kopf beiseite. Ich zwang mich, an etwas anderes zu denken. In diesem Moment beendete ein ziehender Schmerz über meiner rechten Oberlippe jäh meine kleine Schwärmerei. Warum wuchsen diese blöden Härchen noch immer nach, obwohl Altin sie im 2-Wochen-Turnus an der Wurzel heraus zupfte? Nach einigen weiteren Leidensminuten gönnte er mir eine weitere Oberlippen-Relax-Einheit. Im Nu war der Schmerz weggestreichelt.

Zwischen zwei Zupf-Abschnitten betrieb ich mit Altin unsere klassische Ein-Satz-Konversation. Das Thema dieses Mal war bunt und leichtfüßig. Einmal im Jahr war in unserer Stadt Schützenfest. Dort wurde jede Jahrmarktattraktion geboten: Autoskooter, Riesenrad, Geisterbahn, Irrgarten, Kettenkarussell, das über Kopf schwingende Riesenschiff. Aber auch nicht weg zu denkende *Klassiker* wie Dosenwerfen, Fadenziehen, Dartwerfen waren vertreten und natürlich der allerneuste Schnick-Schnack an wahnwitzigen Karussell-Neuheiten mit *Übelkeitsfaktor Zehn*.

"Hey, es ist gerade Schützenfest in der Stadt, warst Du schon da?" Er schüttelte den Kopf, antwortete relativ einsilbig: "Nee, noch nicht ein Mal." Meinen türkischen Berber konnte ich mir beim besten Willen nicht im Riesenbierzelt Lüttje Lagen-Schnäpse wegkippend vorstellen. Er trank ohnehin keinen Alkohol. Und dennoch: auf dem Rummelplatz traf man sich. Damals wie heute. Insbesondere die Autoskooter-Fahrgeschäfte boten beste Möglichkeiten zum Sehen-und-Gesehen-werden. Mit einem weiteren Vorstoß wollte ich ihm mehr Worte entlocken.

Ich: "Bei dem Regen zum Auftakt war ich auch noch nicht da..."

Altin pflegte weiterhin die ganz kurzen Sätze.

Er: "Ja, war Scheißwetter."

Pinzette wurde gesucht. Er kramte in Schubladen, suchte in den Hosentaschen seiner Jeans, in den lindgrün getünchten Regalen.

Ich: "Mir gefällt am besten der Autoskooter."
Er: "Mir auch. Früher war ich jeden Tag dort, echt
jeden.“

Ihn in seiner persönlichen Umgangssprache
anzusprechen, entlockte ihm unter Umständen etwas
mehr, ging es mir durch den Kopf.

Ich: "Schade, wegen dem Dreckswetter, ist echt cool
da."
Er: "Ja das letzte Mal vor acht Jahren. Da gabs Ärger,
war 'ne blutige Nacht."

Der letzte Teil seines Satzes ließ mich aufhorchen.
Meine Augen suchten Kontakt zu ihm im
Frisierspiegel.

Ich: "Ach... hattest Du Streit? Man streitet sich immer
wegen Scheiß."
Er: "Ja stimmt."

Mit dieser stenografisch kurzen Info ließ er mich in
der Luft hängen und schwieg. Meine Neugierde war
geweckt. Ich versuchte es mit einer offenen Frage.

„Ach so... und der Grund war...?“

Das funktionierte. Aus Altin sprudelte es blitzschnell
heraus:

"Wegen Scheiß oder wegen Frauen."

Er lächelte vielsagend weiter, beinahe so, als wüsste
ich, wovon er sprach. Er kniff die Augen zusammen,
zwinkerte kurz und schob mit dunkler Stimme nach:

"Bei mir war wegen Frau."

*Als wenn ich mir das nicht schon hätte denken
können.*

Ich: "War mir klar...es kam alles ganz anders...?"

Ich machte eine *Kunstpause* und schaute ihn
vielsagend durch den Frisierspiegel an. Es
funktionierte bestens.

Er: "Ich wollte erst nicht, hab gesagt *HAU AB* und
dann waren es auf einmal sechs Typen...".

Die kleine Geschichte wurde gerade spannend, da
verlor er die Lust, mir mehr zu erzählen und brach
einfach ab, schwieg und zupfte weiter. Dann kramte
er in der kleinen Schublade, suchte zwischen
Scheren, Kämmen und Rasiergerät die goldfarbene
Mini-Pinzette. Es endete auch dieser Satz, wie viele
vorher, einfach mittendrin und ließ mich im luftleeren
Raum hängen.

Durchschaute er mich? Besann er sich? Vor ihm saß
seine (vielleicht einzige) Kund*in* auf dem Frisierstuhl.
Vielleicht wollte Altin bei mir einen guten Eindruck
hin-terlassen und keine Schlägergeschichten
erzählen. Still zupfend nahm er die Arbeit über meiner
Oberlippe wieder auf. Ob er sich öfter mal prügelte?
Bestimmt konnte er verbal irre aus der Haut fahren,
hatte eine Menge Temperament. Ein echtes Heißblut
eben. Krawall und Schlägereien nach Provokation
traute ich ihm jedoch nicht zu.

Die inzwischen aufgefundene Pinzette kam zum
Einsatz. Plötzlich hatte ich Bilder von Autoskooter auf
dem Schützenfest vor Augen. Noch heute, aber
bereits zu meinen Teenie-Zeiten, hatten da *echte
Kerle* herumgelungert, um Mädchen abzuschleppen.
Sie waren lässig während der Fahrt in einen Skooter
gesprungen, hatten cool mit der einen Hand gelenkt,
während der andere Arm um die Schulter des
Mädchens geflogen war. Kreuz und quer über den
Parcours waren die wilden Fahrten gegangen.
Einhändig hatte man rasant vorwärts und schon im
nächsten Moment gekonnt rückwärts gesteuert. Ja,
ich erinnerte mich - damals wie heute waren dort viele
Kerle, das klassische Gebalze, sich zur Schau
stellen, das kam einfach nicht aus der Mode.
 Zuletzt hatte ich mit meiner Freundin Sandra das
Schützenfest besucht. Letzten Sommer. Als ich daran
dachte, fiel mir meine kürzlich geweckte Neugierde

wieder ein. Sie wollte mir doch von ihrem neuen
Freund erzählen.

Altin hatte meine Oberlippe wieder glatt gezupft, ich
zahlte ohne Umschweife und direkt vor der Ladentür
wählte ich ihre Nummer, wollte nun endlich mehr über
den neuen Mann an ihrer Seite wissen. Sie ging
sofort ran.

Ein langgezogener Seufzer ertönte und sie schüttete
mir ohne Umschweife sich immer wieder laut die
Nase schnäubend ihr Herz aus. Sie hatte geweint.
„Stell Dir vor, ich wollte eigentlich gar nichts von ihm,
bei unserer ersten Begegnung fand ich ihn einfach
nur machomässig. Trotzdem rief ich ihn an. Es war
einfach zu reizvoll. Er war sofort richtig süß und ließ
auch nicht locker. Hat mich immer wieder gefragt, ob
wir uns nicht mal treffen wollen, ständig angerufen,
mich mit seinem sportlichen Wagen abgeholt. Du, der
fährt so eine Art Limousine – sportlich aufgemotzt. Na
ja und dann war er immer so höflich. Wenn wir uns
trafen, hat er mich nie bedrängt. Wir waren viel
spazieren. Nach ein paar Tagen hat er mir seine
tiefen Gefühle für mich gebeichtet. Er hat meine
Hände gestreichelt und mir lange in die Augen
geschaut, mit diesem heißblütigen Blick... Doch dann
hat er mir gleich im nächsten Atemzug gesagt, dass
wir noch warten müssten. Ich wusste überhaupt nicht
worauf, habe nichts von alledem kapiert.“

Auch ich verstand nichts, daher ließ ich sie einfach
weitererzählen, ohne zu unterbrechen. Das tat ihr
offensichtlich gut. „Ach, das ist alles so kompliziert...“
Immer wieder hörte ich meine Freundin
zwischendurch deutlich Schluchzen. Ich suchte nach
aufmunternden Worten. „Na das klingt ja ganz schön
verworren. Stell ihn mir doch mal vor, dann kann ich
mir ein Bild machen.“ Schweigen in der Leitung.
„Nee,... das geht nicht. Er... will mich immer nur
alleine treffen.“ Es war nicht zu überhören, dass sie
sich mächtig Gedanken über *ihn* machte und auch,
dass sie ihn nicht präsentieren wollte. Selbst mir
nicht, ihrer guten Freundin. „Lass uns bald mal wieder
sprechen, ja?“ Dann hatte sie ohne Umschweife
aufgelegt und ich stieg ins Auto, fuhr in Gedanken

versunken nach Hause.

Ungeahnte Qualitäten

Bereits bei einem meiner allerersten Besuche der *Goldenen Schere* war mir ein Bild neben dem Spiegel über Altins Frisierbecken aufgefallen. Schon mächtig vergilbt, prangte da ein großer Tageszeitungsausschnitt über den Chef höchstpersönlich an der zart gelb und lindgrün getünchten Wand. Auf dem Foto blickte Altin stolz in die Kamera. Er trug ein argentinisches Fußballtrikot in hellblau und weiß und verpasste einem mir unbekannten Kicker eine Schläfenmassage. Seitdem blieb mein Blick häufiger an dem Zeitungsartikel im Glasrahmen hängen.

Heute wollte ich endlich mehr darüber erfahren. Mich trieb die Neugierde. Es war Montagabend, nicht viel los und ich durfte sofort auf dem Berberstuhl Platz nehmen. Nach einem freundlichen *Guten Abend erstmal* und festem Händeschütteln signalisierte mir Altin, dass er gleich loslegen wollte. Im Hintergrund lief türkische Folklore-Popmusik, Rasiergeräte surrten beinahe im Takt. Hier und da sprang ein Föhn an. Jedoch nicht, um Haare zu trocknen, sondern um schwarze Haarbüschel vom Berbersitz weg zu pusten. Auch heute war er mir gegenüber kein Mann der vielen Worte. Seine dunklen Augen musterten mich ab und an im Spiegel. Das Garn flog förmlich über meine Oberlippe, es ziepte bis in die kleinste Haarwurzel, mein Gesicht verzerrte sich immer wieder vor Schmerz. Ich litt still.
Schon dutzende Male hatte ich mich dieser rigorosen Art der Haarentfernung unterzogen, noch immer drang dieser pochende Schmerz wie aus der Tiefe meines Körpers an die Hautoberfläche über meine Lippen. Gab es eine Art Schmerzgedächtnis der Nerven? Gewöhnt man sich daran? Ich stieß für ihn hoffentlich unhörbare Flüche aus, wollte keine Memme sein. Fast so, als könne er Gedanken lesen, touchierten seine warmen, weichen Zitronenrauchfinger sanft meine Haut zwischen Nase und Lippe und massierten den eben noch jäh mit Garnfaden malträtierten Bereich. Mit all den Geräuschen, Gerüchen, dem ewigen Kommen und

Gehen, den *Salam-alaikum`s* war nach einem langen Tag im geordneten Büroalltag ein Besuch beim türkischen Berber wie ein Kurzurlaub in einer anderen Welt für mich. Auch ich war heute nicht sonderlich gesprächig. Ich tauchte in die Multikulti-Sphäre im Laden ein und gab mich der kosmetischen Behandlung unter Altins männlichen Händen hin.

Mit geschlossenen Augen sponn ich Geschichten, stellte mir vor, wie seine Finger mit bestimmtem aber sanftem Druck von der Oberlippe aus zärtlich eine kleine Reise über mein Gesicht antraten. Komplett abgetaucht spürte ich seine Fingerkuppen an meinen Wangen, an den Schläfen, auf der Stirn und schließlich auf dem Kopf. Geschah es in meiner Einbildung?
Vorsichtig öffnete ich die Augen. Altin stand ganz lässig einen halben Schritt neben mir, rollte ein weiteres, langes Stück cremeweißes Garn von der Rolle ab und schaute mich durch den Berberspiegel mit seinen tiefdunklen Augen fragend an. *Schade* seufzte ich unhörbar. Noch immer hielt er mit diesem Fragezeichenblick inne und ich hörte mich sagen: „Auf dem Bild hier an der Wand massierst Du einem Kunden die Schläfen, das sieht richtig gut aus... Machst Du denn auch Kopfmassagen?" Altin ließ diese Frage wie Saat in fruchtbaren Boden einsickern und lächelte charmant. „Ja klar." Für andere kaum hörbar und wie für des Berbers Ohren allein bestimmt, entfuhr mir ein ungewollt sinnliches *Mmmmmhhhh...* Die Mundwinkel besuchten seine Ohren, sein Lächeln wurde verführe-risch, er beugte sich dichter an mein Ohr und raunte: „Also, können Sie auch mal haben. Kann ich machen. Am besten abends, spät, wenn hier alle weg sind... so nach Feierabend um acht oder neun."

Sein Finger zeigte auf den Berberstuhl in der hintersten Ladenecke. *Aha.* Ich las in seinem Blick. Er wich mir aus. Mein Kopfkino sprang an: ich saß allein mit meinem türkischen Berber abends um 21:00 Uhr inmitten des Rotlichtviertels meiner Stadt in seinem abgeschlossenen Laden. Alle waren längst fort und er massierte mir Schläfen und Kopf... Das klang zwar verlockend aber natürlich verbot es sich. Ich ließ mir nichts anmerken. Etwas verlegen wechselte ich höflich das Thema und dankte für seine Offerte. „Äh ja... danke sehr, ich weiß Bescheid.“

Ich schwor mir, nächstes Mal überlegter zu handeln. Altin schien die bei mir aufgebaute Spannung nicht zu spüren, tauchte seinen Zeigefinger in die Familiendose Nivea und strich eine dicke Schicht davon über meine Lippe, als wäre es Sahne oder Zuckerguss. Seine Finger glitten darin hin und her. Eine Minute später hatte er die weiße Creme in die Haut eingearbeitet. Nun nahm er mir wortlos das kleine Handtuch von der Schulter, schmiss es über die seine und hielt mir den runden Handspiegel vor das Gesicht.
Ich begutachtete das Ergebnis. Es war wie immer top. Kein einziges Härchen war mehr zu sehen, babyglatte Haut. Und schon standen wir vor der Kassenschublade. Kling-Kasse-auf-4-Euro-okay-mach-bitte-8-Euro-Kling-Kasse-zu. Ich machte zwei Schritte aus der Ladentür heraus, ließ meinen Blick umherschweifen. Es hatte geregnet, der Boden glänzte noch nass. Die schrill bunten Leuchtreklamen der Table-Dance-Bars, Spielhöllen, Dönerläden tauchten den frisch beregneten Asphalt in Regenbogenfarben. Der Abend brach an. Höchste Zeit, frisch bezupft nach Hause zu fahren.

Frühstück nach zwölf

An einem Wochenanfang ging ich direkt nach Feierabend zur *Goldenen Schere*. Ging es auf das Wochenende zu, musste ich eine variable Wartezeit auf der Fliesenfensterbank einplanen. Heute war Freitag. Weil ich abends noch zum Sport wollte, nutzte ich meine Mittagspause für einen Besuch bei der *Schere*. Zu dieser Zeit war meist nicht viel los. Mein Arbeitsplatz lag zentral. Bis zum Rotlichtviertel meiner Stadt waren es vom Büro aus nur zehn Minuten mit dem Auto.

Ich betrat *ALTIN MAKAS* um 12:20 Uhr. Bis auf einen Kunden auf dem Berberstuhl war der Laden leer. Ansonsten bot sich mir das hier immer wieder kehrende Szenario: melodisch schallte vermutlich türkische Popmusik durch den gefliesten Raum, eine Rasiermaschine surrte, Neonlicht strahlte wie eine künstliche Sonne von der Decke, verbreitete ein grelles Licht und eine optisch kühle Atmosphäre. Man begrüßte mich freundlich. Ich hatte mich noch nicht mal meiner Jacke entledigt, da hielt ich bereits einen Tee im kleinen Gläschen mit Goldrand in der Hand. Der Blick eines blutjungen Berbers, den ich hier noch nie gesehen hatte, deutete mir an: *Nimm schon mal auf der Fensterbank Platz*. Meine Augen suchten *IHN*. Doch mein lieb gewonnener Meister des flammenden Bandes war nirgends zu sehen.

Für einen kleinen Augenblick beschlich mich ein eigenartiges, ja beinahe unbehagliches Gefühl. Jetzt kam mir mein Traum der letzten Nacht wieder in den Sinn. Da hatte ich vor dem mir vertrauten Berbergeschäft gestanden, doch der Laden war einfach nicht mehr da gewesen. Weg. Wie vom Erdboden verschluckt. *Was für einen Quatsch man doch so träumt*, ging es mir durch den Kopf.

Bestimmt hockte er rauchend und palavernd im Hinterzimmer und machte Pause. Nach gefühlten fünf Minuten auf der breit gefliesten Fensterbank fragte ich einen der Friseure dezent nach ihm. Die Antwort kam prompt und überraschte mich: "Faruq is schon

da, macht aber gerade Frühstück nebenan." Mein
Blick fiel auf die Wanduhr im Laden. Die goldenen
Scherenzeiger auf dem Kupferteller standen still.
Entweder lief die Wanduhr noch nie oder sie hatte
kürzlich ihren Dienst versagt. Vielleicht erbarmte sich
einer, neue Batterien einzulegen. Der nächste Blick
ging auf mein Handydisplay, denn ich trug keine
Armbanduhr. Es war 12:32 Uhr. Mir wurde klar: mein
Meister des flammenden Bandes arbeitete bis spät in
die Nacht. Altin zupfte und schor solange, bis alle
Kunden barbiert waren. Er startete nicht morgens
sondern erst am Mittag.

Auf einmal kam er um die Ecke. Er begrüßte mich mit
wenigen aber herzlichen Worten und einem
charmanten Lächeln. Seine Augen waren noch etwas
klein. Aus Solidarität sagte ich zu ihm, der aussah als
hätte er die Nacht über durchgezupft: "Oh Mann, ich
bin so müde heute."
Er gähnte mit weit aufgerissenem Mund, zeigte mir
dabei seine blitzweißen Zähne. "Oh ja, ich auch" und
nahm ohne Umschweife die Garnrolle zur Hand.
Vielleicht hätte er sich zu allererst einen starken,
türkischen, Tote weckenden Tee aus dem Samowar
holen sollen?

Seine Hände rochen nicht nach der gewohnten
rauchigen Zitronenmischung sondern nach... Zwiebel!
Innerlich rümpfte ich die Nase und fragte mich, was er
zum *Frühstück* gegessen hatte, schwieg aber aus
Höflichkeit. Die Asiaten speisten bereits zum Start in
den Tag schon Miso-Suppe und Algensalat. Aßen
einige Türken und Kurden morgens schon Döner mit
Zwiebel im Fladenbrot? Nun ja, es war ein spätes
Frühstück gewesen.

Keiner von uns war zu Small Talk aufgelegt. Und so
schwiegen wir uns ohne Unbehagen an. Nicht einmal
die zwischen uns praktizierte Ein-Satz-Konversation
war drin. Im Spiegel musterte ich sein müdes Antlitz
und er meines. Schweigend vollzog er seine
Zupfarbeit an meiner weiblichen Oberlippe. Ich
lauschte der folkloristisch-türkischen Popmusik aus
den kleinen Boxen des Ladens. Zum flotten Beat und

den Geigen gesellte sich auch noch diese Art
quäkende Oboe hinzu.
Unbemerkt wippten meine Schuhspitzen im Takt.
Wenn ich nicht unter dem Faden säße, würde ich
tanzen. Dann klingelte sein Handy. Eilig nahm er ab,
der Garnfaden baumelte noch ca. 30 cm aus seinem
Mundwinkel wie das Pendel einer Uhr hin und her.
Ein breites Lächeln „Halloooo... Ja, Süße, ich freu
ich auch!" Gerade wollte ich das Flirt-ähnliche
Gespräch belauschen, da war es auch schon beendet
und Altin stand wieder hinter mir. Auf die feine
Massageeinheit zum Schluss mussten meine Lippe
und ich auch heute nicht verzichten. Ich schloss die
Augen und genoss. Langsam ließ er seine
Zwiebelfinger immer wieder über meine frisch
bezupfte Haut fahren. In jenem Moment war mir der
Geruch egal. Zum Schluss tupfte er noch gefühlvoll
das Kolonya-Zitronenwasser auf. Ein scheinbar
riesengroßer Zitronenhain vertrieb mit seinem
eindringlichen Duft die Zwiebel. Es folgte die dicke
Schicht Nivea-Creme aus der riesigen Familiendose,
die er sanft verstrich. Zum krönenden Abschluss
wanderten seine Finger meine Schläfen entlang,
zogen dort kleine, zärtliche Kreise. „Mmmh, wenn Du
so weiter machst, stehe ich hier niemals wieder auf!"
schwärmte ich mit geschlossenen Augen.
Nach dem kleinen Verwöhnfinale reichte er mir den
runden Spiegel, den er erst suchen und an seiner
Jeans putzen musste. Ich legte meine beiden Hände
einen Wimpernschlag lang auf seine Handgelenke,
drückte diese als Geste. „Wow, jetzt bin ich wieder
schön!"

Er wurde langsam wach, entschwand zum silbrig
glitzernden, frisch polierten Samowar und *zapfte* uns
endlich zwei Gläser Tee. Wir saßen, das heiße
Gebräu schlürfend, auf der Fliesen-Fensterbank. Sein
zweiter Kunde des Tages betrat den Laden. Altin
machte die übliche einladende Geste auf seinen
Frisierstuhl. „Ey Mann, nimm Platz, geht gleich los."
Mein noch immer etwas träger Berber rutschte mit
dem Teeglas an den Lippen über die Fensterbank
einen Meter nach rechts und öffnete schlürfend die
Kassenschublade. Ich reichte ihm einen Zehn-Euro-

Schein, zahlte acht Euro für ein außerordentlich gutes Ergebnis über meiner Lippe und Kling-Klang war die Lade wieder zu. Ohne weitere Worte stellte sich Altin hinter seinen Berberstuhl, um seinen männlichen Kunden zu frisieren und zu rasieren. Ich nippte weiter am Tee. Entspannt sog ich das orientalische Treiben auf.

Nach und nach kamen mehr Kunden rein. Hier gab es immer etwas zu bestaunen. Von meinem gefliesten Tribünenplatz aus schaute ich Altin noch ein wenig bei der Arbeit zu. Der Berber schien jetzt hellwach. Es flogen türkische oder kurdische Gesprächsfetzen hin und her. Altin nahm das Garn zur Hand, wickelte es mindestens einen Meter von der Rolle, klemmte den Faden zwischen die Frontzähne und schaute suchend über seine Schulter in den Laden. Die buschigen Augenbrauen des Kunden sollten in Form gebracht werden. Ich fragte mich, warum die Zupfprozedur nicht begann. Über meiner Oberlippe wuchsen bei weitem nicht so viele Haare, aber das Prozedere schien mir exakt gleich.

Altins Augen suchten noch immer, wanderten durch den Raum. Die drei anderen anwesenden Friseure hatten ebenfalls Kundschaft vor sich auf den Stühlen. Ein neuer Kunde betrat den Laden, begrüßte Faruq mit lautem *Hallo*. Der Berber wirkte erleichtert. „Ey, gut, dass Du komms, kannste mir helfen?" Ich war perplex. Der Angesprochene wusste sofort, was zu tun war. Wortlos legte er Trainingsjacke, Benzschlussel und Handy neben mir auf die breit gefliese Fensterbank und positionierte sich geschäftig links neben den Berberstuhl. Altin stand rechts. Weil meine Sicht nun versperrt war, schaute ich in den Frisierspiegel. Der rekrutierte *Helfer* zog die Stirnhaut um die zu bezupfende Augenbraue auseinander. Altin startete in gewohnt geschickter Art, mit dem Garnfaden die Haare an der Wurzel herauszureißen. Durch die gestraffte Haut um die Braue herum ließen sich die borstigen, schwarzen Haare besser entfernen. Ich musste schmunzeln, dass Altin einfach den nächsten Kunden als Friseurgehilfen einsetzte. Bisher war es mir nicht aufgefallen, dass beim Augenbrauenzupfen immer zwei am Berberstuhl standen.

Wie skurril wäre das, wenn ich meinem deutschen
Friseur beim Haarewaschen seines Kunden helfen
und Shampoo oder Handtuch reichen würde?! Wieder
einmal war ich vom pragmatischen Stil im *Mekka der
Frisörkunst* begeistert.

Du sagst *Sie* zu mir

Gut zwei Wochen später betrat ich die *Goldene Schere.* Laute, türkische Liebeslieder-Balladen schallten bis vor die Tür, die einladend weit offen stand. Hier im Rotlichtviertel war das neben all den Table-Dance-Rhythmen ein schon eher ungewohnter Klang, der eindringlich an die Ohren drang. Manch einem mochte diese Musik schwülstig erscheinen. Auf mich wirkte sie gegenüber dem, was wir hierzulande meist im Radio hörten, beinahe überladen mit all den Geigen und der Oboe ähnlichen, quäkig schönen Mizmar. Mich erinnerte sie an einen Istanbul-Kurzurlaub zur Zeit des Ramadan, zauberte Bilder von engen Basar-Gassen in meinen Kopf. Beschwingt tänzelte ich durch die weit offene Tür die zwei Schritte an der Kasse vorbei zum ersten Frisierstuhl an der Fensterbank und begrüßte Altin. Er frisierte mit Schere und Rasiermaschine. „Darf ich warten?" Keine Antwort vom Berber. Volle Konzentration. Eine Stimme vom Chef-Berberstuhl hingegen rief: "Ey Alter, mach nich so kurz ja?!" Rasiermaschine aus. "Is klar, ... 'nen bisschen."

Kaum ausgesprochen, surrte das Ding weiter. Altin nickte mir endlich zu. Mein Blick fiel von diesem Szenario auf die rechte Ladenseite. Da arbeitete gegenüber vom Chef der gemütliche, mollige Berber. Sein pechschwarzes, dickes Haar zierte eine strohgelb-blonde, breite Strähne über der Schläfe. Das sah echt 80ger aus. Ich schmunzelte breit. In dem Moment blickten seine Augen durch den Frisierspiegel zu mir rüber. Er grinste zurück und machte zwei Schritte auf mich zu, beugte sich dichter an mein Ohr und fragte durch die laut dröhnende Musik, die nun zu türkisch Hip Hop gewechselt hatte, hindurch: "Du auch 'nen Tee?" Ich nickte zustimmend. Eine Minute später stand ein Teeglas mit Goldrand und höllenstarkem Tee mit zwei Stücken Zucker neben mir auf der großen, breit gefliesten Fensterbank. Als ich ihm dankte, entfuhr mir ein "Du bist ja jetzt blond!" Das rief ein triumphierendes Lächeln bei ihm hervor. "Gut ´ne?!...

hat Altin gemacht."

Erst Minuten später fiel mir auf, dass er seinen Chef auch nicht beim echten Namen genannt hatte!

Faruq alias Altin hatte nun Rasiermaschine wieder gegen Schere getauscht. Die Kundenansage *nich so kurz* wurde respektiert. Mit diesen surrenden Dingern musste man aufpassen, die Rasiergeräte waren wie kleine Rasenmäher.

Ich sammelte Eindrücke, wartend beobachtete ich das Geschehen im Laden, sog alles auf wie ein Schwamm, nahm den Mix aus Geräuschen wahr. Was war das? Die Musik im Laden war plötzlich aus. Wie durch ein Wunder war Scherengeklapper mit Rasiergeräte-Intermezzo zu hören. Das klang wie Friseur-Rap oder Berber-Hip-Hop. Ich blickte zum *Nich-so-kurz-Kunden* und stellte fest: für türkische Verhältnisse war sein Haar noch ziemlich lang. Ein Deutscher hätte schon vor einigen Zentimetern den Friseur eingebremst und *Stopp* gesagt. Die nächste Liebeslieder-CD wurde eingelegt. Ich lauschte andächtig. "Soll ich was reinmachen?" wollte Altin von seinem Kunden wissen. Damit war die glitschige, giftgrüne oder pinke Stylingcreme aus den großen Dosen gemeint. Die standen überall in Reichweite. "Nein, nein, ich geh gleich nach Hause." Zwei Schritte hinüber zur Kasse.

Zu mir, der Fensterbanksitzerin, sagte Altin: "Kannst schon Platz nehmen, ...". Was war denn das? Er nannte meinen Vornamen! Das hatte er noch nie gemacht. Dass er den überhaupt kannte! Wenn wir unsere Ein-Satz-Konversationen betrieben, siezte er mich zwischen einigen wenigen *Du's* so gut wie immer.

Ich nahm Platz und wir begrüßten uns per weit ausgeholtem Handschlag wie zwei Rapper in einem Video. Heute sah er auch so aus: über seinen Jeans trug er ein weißes Langarm-Shirt und darüber ein knappes, bunt bedrucktes Kurzarm-T-Shirt. Altin schenkte mir dieses entwaffnende Lächeln, nippte an seinem riesigen Kaffeepott-großen Glas Tee und riss

mit den Zähnen einige Strecken Garn von der Rolle.
Er klemmte es zwischen die beiden Vorderzähne und
die Zupfprozedur begann. Ich ließ ihn wissen, dass
ich unbedingt noch vor meinem Urlaub herkommen
wollte.

Altin: „Oh wohin?"
Ich: „Kroatien ist das Ziel, eine vorgelagerte Insel
dort."
Altin: „Allein oder mit Mann?"
Ich: „Mit Mann."

Er nickte, wischte sich kurz zwischendurch die Hände
an seiner Jeans ab.

Ich: „Auf die Sonne freue ich mich schon. Bei Dir
zuhause ist Ende September auch noch schön heiß,
oder?!"
Altin: „Ja, so 30 Grad noch. Vielleicht fahre ich
nochmal nach Haus. Bald. Mal sehen."

Noch immer wusste ich nicht genau, wo für ihn
Zuhause war. Lediglich die nächstgrößere, bekannte
Stadt hatte er mir genannt. Selbst da hatte ich nur
brav genickt, ohne zu wissen, wo das lag.

Vor der Tür des kleinen Berberladens traute ich
meinen Augen kaum. Da stand meine Freundin
Sandra und drehte sich eilig um, als hätte ich sie bei
etwas Verbotenem ertappt. „Hey Süße!" rief ich ihr
hinterher, doch sie entschwand eiligen Schrittes um
die nächste Ecke. Da klingelte mein Handy und mein
Mann war dran. Ich entschied mich, ihr nicht hinterher
zu rennen. „Du Schatz, die Sandra ist echt komisch in
letzter Zeit, ihr neuer Freund ist so mysteriös und jetzt
hab ich sie eben hier direkt vor der *Goldenen Schere*
gesehen und was macht sie? Dreht sich um und
geht...."

Brutalität auf dem Kiez
und ich mittendrin

Ein bisschen über zwei Wochen später war es wieder
Zeit für das *flammende Band* und ich pilgerte zu
Altin. Ich hatte Glück, durfte sofort auf dem
Berberstuhl Platz nehmen.

Altin trug wie immer eine Jeans und heute ein
Oberhemd, das Stickereien zierte, die Ärmel waren
bis über die Ellenbogen hochgekrempelt.

Während ich ihn noch musterte, begann er bereits mit
der Haarentfernung. Um von dem Schmerz über der
Lippe durch ein Gespräch abzulenken, erzählte ich
ihm von meinem letzten Wochenende. Mit Freunden
hatte ich hier im Rotlichtviertel in Discos getanzt und
gefeiert.

In einigen Städten Deutschlands versuchte man seit
Jahren, im Amüsierviertel Diskotheken und solide
Bars zu integrieren. Dadurch sollte das Stadtbild
verbessert und das Rotlichtviertel *salonfähiger*
gemacht werden. Ehemalige Bordelle wurden zu
Bars und Tanzclubs umfunktioniert. Die Türsteher, die
auch vor den Puffs für Ordnung sorgten, standen
ebenfalls vor den Tanz-Clubs *Wache*. Das sollte für
Sicherheit sorgen. Es gelang oft, aber manches Mal
liefen die Dinge aus dem Ruder. Zu später Stunde
oder am nächsten frühen Morgen verwischten die
Grenzen zwischen Party, Suff und
Gewaltbereitschaft. Das Viertel war stets gut für neue
Schlagzeilen. Und dennoch hatte ich mich hier
abends noch nie unsicher oder gar bedroht gefühlt.

Ich hatte Lust auf ein bißchen Ein-Satz-Konversa- tion
und begann: „Hey, ich war letzten Samstag hier um
die Ecke in 'nem Club tanzen. Das war richtig gut."
Altin hielt inne, legte das Garn zur Seite. Er sah mich
an, als wunderte es ihn, dass ich überhaupt einen
Fuß ins Milieu-Viertel setzte. Lustig, denn schließlich
kam ich seit geraumer Zeit alle zwei Wochen zur
Goldenen Schere, die nun einmal mitten im
Rotlichtsektor lag.

Um seine Bedenken zu unterstreichen, sagte er mit
aufgebrachter Stimme: „Ach nee, ich geh hier nich
mehr feiern, zu gefährlich. Vor zwei Wochen war
schon wieder Schießerei. Und ich kannte einige von
denen." Er zupfte weiter, schwieg verheißungsvoll.
Ich zog die Augenbrauen hoch, mein Blick
signalisierte Interesse. Einer, der mitten im
Rotlichtviertel arbeitete, konnte sicher eine Menge
Geschichten erzählen. Altin lächelte skeptisch. „Ich
kenn hier so viele, das is immer gefährlich." Dann
drehte er sich kurz um, um eventuelle unliebsame
Zuhörer zu erspähen. Doch niemand außer mir
kümmerte sich in jenem Moment darum, was er zu
erzählen hatte.
Nach einer kleinen weiteren Kunstpause, er wog sich
also in Sicherheit, sprudelte es nur so aus ihm
heraus. „Vor zwei Wochen da war so ein junger Typ,
total schmal und voll jung da vorne an der Ecke in
einer Bar und war voll besoffen. Da gabs natürlich
irgendwann Ärger. So ein 50-jähriger war gereizt, weil
der Junge irgendwas zu der Frau gesagt hat. Dann
haben die sich so rumgeschubst und voll geprügelt.
Die Türsteher haben dann beide Typen
kaputtgehauen. Der junge Typ - das is Kunde von mir
- ich hab dem immer die Haare gemacht - war voll
fertig und hatte alles kaputt. Der is dann nach Hause,
hat sich umgezogen, eine Knarre geholt und wollte
den Türsteher abknallen. Der war aber nich mehr da,
war schon 6:30 Uhr morgens... Der andere, der 50-
jährige war aber noch da und dann hat der Junge
gesagt: *Ey, ich f*ck Deine ganze Familie Alter, wenn
Du ein Mann bist, komm her!* Der 50-jährige is auf
den zu und bumm hat der junge Typ auf den
geschossen, in die Brust und in die Arme."

Fassungslos hörte ich ihm zu und nickte stumm in
den Spiegel. Altin erzählte aufgebracht und ohne
Punkt und Komma weiter. „Wäre besser gewesen,
der Typ hätte den tot gehauen aber vor den Freunden
zu schlagen, das geht nich. Darum hat der das mit
der Waffe gemacht. Dann is der abgehaun und hat
noch auf andere Türsteher geschossen. Es ist keiner
tot, nur der 50-jährige verletzt. Der junge Typ hat

natürlich richtig Ärger jetzt, is untergetaucht. Der ist ganz abgehauen - auch schon nich mehr im Land, hab ich gehört. War illegal hier und hatte 'nen italienischen Pass, glaub ich."

Zupf-Stopp. Mir lief ein Schauer nach dem anderen über den Rücken. Alles, was ich dazu herausbrachte, war ein kaum hörbares: „Oh Mann!" Mein Berber nahm die Arbeit mit dem flammenden Band über meiner Lippe wieder auf und plauderte weiter. Ich war mir gar nicht mehr sicher, ob ich das alles hören wollte. „Also das war ja ein Kunde von mir, der Junge, der war voll friedlich sonst. Man konnte sehen: der hat *Feuer* aber er war immer friedlich. Die ganze Familie is so ruhig und der Junge hatte immer Respekt. Er hat zum Beispiel immer bei der Begrüßung meine beiden Hände in seine genommen. Das heißt bei uns: *RESPEKT* haben vor dem anderen." Ja, diese Geste kannte ich. Schon mehrfach hatte ich sie beobachtet. Hier im Laden und anderswo im Alltag.

Noch immer war ich mucksmäuschenstill und schüttelte entsetzt über das, was mir gerade zu Ohren kam, den Kopf, nippte an meinem starken, schwarzen Tee. Um noch eins drauf zu setzen, erzählte mir Altin von einer weiteren Schlägerei. Sein Fazit war immer dasselbe: *Die Türsteher haben keinen Respekt, die sind respektlos!* Es folgte eine ähnlich brutale Story. Diesmal war keine Schusswaffe sondern lediglich Fäuste im Spiel. Immer wieder musste ich schlucken, lauschte dennoch gebannt weiter.

In Altins Sportstudio trainierten all die harten Jungs und Türsteher aus dem Amüsierviertel. Man kannte sich. Ein Typ aus dem Rotlicht-Studio hatte sich mit einem amerikanischen Soldaten gezofft. Der GI war recht stämmig gewesen, hatte den kampferprobten Sportler aus dem Viertel-Studio aber unterschätzt. Der hatte mächtig zugeschlagen.

Mein Berber erzählte und erzählte, gab tiefe Einblicke in diese für mich abstruse Welt. Wenn er mehr als

Ein-Satz-Konversation betrieb, ließ er in der
Aufregung häufiger mal Buchstaben oder ganze
Worte weg. „Der Ami war echt Totalschaden sag ich.
Wirklich schlimm, alle Knochen kaputt. Der rutschte
schon immer auf den Boden. Bei Kämpfern gibt es
eine Regel...“
Er blickte mich vielsagend an, als spräche er mit
einem Gleichgesinnten im Milieu-Sportstudio. Vergaß
er, wer vor ihm saß? „Einen, der am Boden liegt, den
schlägs Du nich.“ Meine Augen waren vor Schreck ob
dieser Weisheit weit geöffnet. Ich sagte nix. Altin
fügte noch hinzu: „Der Sport-Typ hat dann den halb
ohnmächtigen Typ - den Soldat - immer wieder an der
Wand hochgeschoben, der konnte nich mehr stehen,
damit er nochmal zuschlagen kann.“ Immer wieder
unterbrach er seine Zupfarbeit, der Faden baumelte
lose umher.
„Ich weiß ja nicht...Das ist doch alles nicht richtig“
flüsterte ich in Richtung Spiegel, ich vermied seinen
Blick. Doch zu meinem Entsetzen verteidigte Altin
diesen brutalen *Schläger-Leitfaden*. "Ein Mann kriegt
mal Schläge und gibt auch mal Schläge". Seine
Augen funkelten dunkel, stumpf blickte er ins Leere,
als liefen all diese Szenen noch einmal wie ein
Kurzfilm vor ihm ab.

Von uns beiden zunächst unbemerkt kamen immer
mehr Kunden in den Laden. Ich war fertig bezupft und
froh, dass ich nicht noch mehr Brutalo-Geschichten
vom Kiez ums Eck zu hören bekam. Ich kramte acht
Euro hervor, zahlte und kehrte zurück in meine heile
Welt.

Muster auf der Haut

Zwei Wochen später, es war so gegen 18:00 Uhr, herrschte reger Betrieb auf allen Berberstühlen der *Goldenen Schere*. Auf dem Cheffrisierstuhl hockte ein Kunde, der von Altin nass barbiert wurde. Die Klingenprozedur ging dem Ende zu und ich nahm mit Aussicht auf geringe Wartezeit auf der breit gefliesten Fensterbank Platz. „Hallo, darf ich warten?" erkundigte ich mich der Ordnung halber. Altin nickte und tupfte bereits Kolonya auf die rasierte Haut. Mmmmh wie das duftete! Nach weniger als fünf Minuten durfte ich auf den Frisierstuhl aufrücken. Der Berber raunte mir ein *Hallo, wie geht's?* ins Ohr. Ohne die Antwort abzuwarten, strichen auch schon die mir vertrauten, weichen Zitronenrauchfinger ganz sanft von innen nach außen über meine Oberlippe. Der Garnfaden folgte und die Prozedur war effektiv wie immer. Die wenigen kleinen Härchen, die Altin damit nicht erwischte, fielen der goldfarbenen Minipinzette zum Opfer. Ab und an lief mir eine Träne über die Wange. Seinen wachsamen Augen entging dies nicht. Altin griff zur Kleenex-Spenderbox und fing beinahe jede Träne einzeln auf, tupfte sie behutsam fort. Wir kommunizierten statt mit wenigen Worten mit ein paar vielsagenden Blicken im großen Frisierspiegel.

Am Ende gönnte er mir eine kurze aber intensive Schläfenmassage. Allein dafür lohnte sich der Besuch bei *ALTIN MAKAS*. Seine *goldenen* Hände berührten gefühlvoll meine Schläfen. Weiche Finger fuhren behutsam die Druckpunkte ab, zogen gekonnt kleine Kreise in Richtung Ohr, verweilten dort eine Millisekunde. Schon längst hatte ich meine Augen geschlossen, mein Hinterkopf ruhte tiefen entspannt am Kopfteil des Berberstuhles und ab und an konnte ich ein leises Wohlfühl-*mmmmmhhh* nicht verhindern. Wie eine Katze schnurrte ich vor mich hin.

Gedanklich beamte ich mich in ein türkisches Hamam, in so eine richtige Relax-Oase mit Badehaus und SPA-Bereich. Ich spürte die Wärme seiner Finger, die gerade meinen Haaransatz erreichten und auf dem Rückweg zum Kinn noch einen klitzekleinen Abstecher zur Stirn machten.

Irgendjemand drehte plötzlich die türkische Rap-Musik auf und wie auf Knopfdruck beendeten Altins Finger ihr Verwöhnprogramm. Und *zack* wurde ich aus meinem virtuellen Hamam in den türkischen Herrenfriseurladen inmitten des Rotlichtviertels meiner Stadt *zurückgebeamt*. Meine Augen wanderten 180 Grad umher, scannten die Umgebung des Berbers. Im Laden war jetzt wesentlich mehr Betrieb, ständig kamen neue Kunden rein.

Im Anschluss an die heutige Zupfprozedur mit Besuch im *Altin-Hamam* machten wir beide die 1,5 Schritte hinüber zur Kassenschublade – Kling-Kasse-auf-4€-ich-zahlte-8€-Kling-Kasse-zu. *Trinken Sie noch Tee?* Entgegen der üblichen Gepflogenheiten hatte man mir heute noch kein starkes Gebräu aus dem silbrig glänzenden Samowar angeboten. Ich nickte sofort. Altin stand kurz darauf mit einem Glas Tee vor mir.

An Ort und Stelle steckte er sich eine Kippe an und schlenderte mit meinem Goldrandgläschen in der Hand vor die Ladentür. Ich folgte ihm nach draußen. Schönste Feierabendsonne strahlte vom Himmel, genau richtig für eine kleine Auszeit mit Schnack. Altin reckte und streckte die Arme nach einem umtriebigen Tag in die Luft. In dem Moment rutschte sein rotes Kurzarm-Poloshirt an den Armen ein paar Zentimeter hoch. Zum Vorschein kamen viele gleichmäßige, wie mit einem Lineal quer gezogene Narben an beiden Oberarmen. Mein Blick verweilte dort, obwohl sein Shirt den Bereich schon wieder verdeckte. Mein Fragezeichen in den Augen entging ihm nicht. Zum allerersten Mal lächelte er ein wenig verlegen. "Wow,... wie viele Narben hast Du denn davon?" Mein Blick klebte an ihm. Seine dunkle Stimme raunte mir ein *hier, hier, hier und hier und hier...* zu. Sein Zeigefinger deutete auf beide Oberarme, beide Oberschenkel und zuletzt auf seinen flachen Bauch, auf den ich jetzt unverhohlen starrte. Wie peinlich! Mir wurde ziemlich heiß. Mein Kopfkino startete eine

Kurzfilmvorstellung. *Es wäre echt wild, wenn er zur Untermalung sein Shirt hochschieben würde und ich freien Blick auf sei-nen trainierten Bauch (wenn auch mit geritzten Narben) hätte...*

Ob er meine ach so weiblichen Gedanken lesen konnte? Er quittierte meine Blicke mit zwei funkelnden Augen und lieferte eine Erklärung nach: "Früher in meiner Stadt, als ich jung war" (er war 29, das wusste ich jetzt...) "da war das Mode. Da lag ein großes Messer auf dem Tisch und jeder hat das abwechselnd immer mal genommen."
Obwohl er meine Fantasie gar nicht anzukurbeln brauchte, zog er wilde, imaginäre Linien in der Luft mit dem Finger nach, als hätte er das Messer von einst noch in der Hand. Mein Gesicht verzog sich bei der Vorstellung vor Schmerz. "Ritzen", murmelte ich laut vor mich hin, "ist eigentlich hier in Europa ein Problem mancher junger Mädchen. Sie fügen sich bewußt Schmerzen zu." Ich blickte ihn fragend an, wollte weitere Erklärungen zu dieser für mich fragwürdigen *Mode* von ihm.

Er lächelte, als hätte ich gerade etwas sehr Positives gesagt und schob eine Anekdote hinterher: "Es gucken immer alle komisch... Letzten Sommer war ich im Schwimmbad mit paar Leuten. Da lag ich so auf Handtuch und denke, die gucken alle, weil ich schöner Mann bin..." Ich hatte die Szene in einem gut besuchten, deutschen Freibad mit Liegewiese, auf der Sonnenanbeter wie die Heringe in einer Dose dicht an dicht liegen, genau vor Augen.
Er nahm einen tiefen Zug von der Zigarette und fuhr fort: "...Doch alle haben nich zu mir geguckt, weil ich so schöner Mann bin..." Er hielt inne und grinste breit. Diesen Satz musste er gar nicht beenden. Allein der Anblick seiner Oberarmnarben reichte für interessiertes Staunen aus. Da war es kein Wunder, dass Leute gafften.

Mein Teeglas war geleert, seine Kippe verglommen. Er ließ sie aus dem Mund direkt auf den Asphalt fallen und drückte sie mit seiner Turnschuhspitze aus. Ich verabschiedete mich, um in meine wohl geordnete

Welt zurück zu kehren.

Mein Benz, mein BMW,
mein Fahrverbot

Klischeebeladene Unterhaltungen zu verfolgen,
machte mir riesigen Spaß. Auf der breiten
Fliesenfensterbank der *Goldenen Schere* sitzend
musste ich nicht lange darauf warten. Der Kunde auf
dem Berberstuhl vor mir wurde nass rasiert. Wann
immer die scharfe Klinge gerade nicht über seinen
Kehlkopf fuhr, unterhielt er sich dabei lautstark mit
dem Chef.

Altin wurde nach seinem nagelneuen, sportlichen
tiefer-schneller-breiter-mit-allem-was-geht-
ausgerüsteten BMW gefragt. Seit ein paar Wochen
war er stolzer Besitzer eines BMW-M6. Des Berbers
Augen funkelten auf diese Frage hin düster. "Has Du
schon gesehen? Da is Kratzer drin!" Das scharfe
Rasiermesser blitzte in der Luft. Totenstille. „Wo?... in
DEINER Karre?!" Der Kunde war ebenfalls entsetzt.
Altins Miene verfinsterte sich noch mehr. „Ja, das is
Eröffnung. Ganz neu. Geparkt... und so ein Idiot fährt
mir Kratzer rein. Hab geparkt, bin kurz weg, komm
wieder und seh die Scheiße, als ich zurück zu Auto
komm!"
Es folgte eine Tirade in türkischer oder kurdischer
Sprache. Von meiner Warteposition aus spielte ich
mein stilles Playback-Spielchen. *Oh so ein Dreck
Mann, da muss gleich Gutachter kommen oder?!
Haste den angerufen?* und so weiter. Wildes
Gefuchtel mit der scharfen Klinge in der Luft. Der
Schaum spritzte in alle Richtungen. Es ging in meiner
Sprache weiter. Die beiden waren bei den nächsten
Themen angelangt: Strafzettel, Verkehrsvergehen
und Fahrverbote. Hier bei der *Goldenen Schere*
waren einem Strafzettel und sogar Fahrverbote
keinesfalls peinlich. Im Gegenteil: *Mann* prahlte locker
damit.
Mein Berber schilderte seinem Kunden, dass er
*stadtauswärts auf einer mehrspurigen Straße in einer
Zone 50 glatt 200 gefahren war...* Er hatte sich
gewundert, warum neben ihm ein Wagen *konstant
das gleiche Tempo hielt.* Eine Polizeistreife hatte die

Verfolgung aufgenommen. Der Belehrung der Uniformierten, hier Rennen fahren zu wollen, war Altin mit einem lockeren Spruch begegnet: *Aber Nein, ich hab das Rennen schon gewonnen!*

Ein Kunde, frisch rasiert und wieder kahl am Schädel, sprang aus dem Berberstuhl nebenan auf. Auch er wusste etwas zum Thema Verkehrsvergehen zu berichten. Binnen kürzester Zeit gesellten sich weitere Kerle zu den Prahlern. Das kleine Grüppchen lauschte gespannt dem frisch Rasierten. Lautstark erhob er die Stimme gegen türkisch Hip-Hop und sagte zu Altin gewandt: „Ey, Alter, has Du meine Benz-Felgen gese-hen? Hab ich extra für Dich gekauft Mann... 2800!" Der Erzähler machte eine Kunstpause. Diesen Preis sollten die Zuhörer erst einmal sacken lassen. *Sicher galt der Wahnsinnskurs für alle vier Felgen und nicht für eine einzige,* ging es mir durch den Kopf. Auch ich lauschte gespannt. Mindestens zehn dunkle Augen sahen den Angeber nun erwartungsvoll an. Der protzte weiter: „Ey auf einen Schlag sind mir doch drei Reifen geplatzt auf der Autobahn...! Bumm ey. Rechts ran, ADAC und fertig." Einige nickten verständnisvoll. Keiner hinterfragte das noch weiter. Ich für meinen Teil gab still und heimlich zu: ADAC-Clubmitglied-schaft war mir zu teuer und lohnte sich bei mir, die nur kleinste Wege in ihrem Smart von A nach B zurücklegte, einfach nicht.

Nun schien alles gesagt. Das Prahlergrüppchen löste sich so schnell auf, wie es sich gebildet hatte. Altin deutete mir mit Sitzabföhnen und einer ausladenden Handbewegung an, dass ich als Nächste Platz nehmen durfte.

Er begann sofort mit einer zitronigen Streicheleinheit über meiner Oberlippe. Seine Finger fühlten sich weich und zart an. Von mir aus konnte das ewig so weitergehen. Geschickt flog im Anschluss daran der Garnfaden über meiner Oberlippe hin und her, riss die Härchen an der Wurzel heraus. Die eben belauschten tiefer-schneller-breiter-Stories hinterließen ein bleibendes Lächeln auf meinen Lippen. Altin schien leer gequatscht. Wortlos zupfte

und streichelte er im Wechsel und verlor nur noch
drei Worte an der Kasse: "Vier Euro bitte."

Schnurstracks lief ich noch immer lächelnd zu
meinem Auto. Schon von weitem erkannte ich die mir
vertraute, zierliche, großgewachsene Silhouette.
Meine Freundin Sandra lehnte mit schmalen,
hängenden Schultern an meiner Beifahrertür und
tippte SMS in ihr Iphone, zwischendurch blickte sie
gedankenverloren ins Leere. Als sie mich sah, hellten
sich ihre traurigen, blauen Augen kurz auf. Sie hatte
geweint. „Ach Süße, was ist nur los? Warum hast Du
nicht angerufen... ich bin doch immer für Dich da. Es
ist wieder dieser Typ, Dein neuer Freund, ja...?" Sie
nickte, dicke Tränen kullerten wie auf Knopfdruck
über ihre geröteten Wangen.

Ich nahm sie in den Arm, da schluchzte sie richtig los
und zitterte. „Hey, ...ssssch.... beruhig Dich erst
einmal." Ich umarmte ihre schmalen Schultern, als
wäre sie ein Kleinkind. Jetzt brachen bei ihr alle
Dämme, ihre Tränen rannen unaufhaltsam über ihr
schönes Gesicht, blonde Strähnen klebten an ihren
Wangen. Ich schloss mein Auto auf. „Komm, steig
ein." Sie nahm sofort Platz, knallte die Tür wie eine
Verfolgte hinter sich zu und flehte: „Bitte, fahr sofort
hier weg." Ihr Blick fiel über ihre Schulter kurz in
Richtung Dönerladen, Spielhölle und *Goldene Schere*.
Ich konnte das noch immer nicht zuordnen. Was war
nur los?

„Okay okay, ich fahr ja schon...." So nahm ich Kurs
auf einen nahe gelegenen Stadtpark, während der 15
minütigen Fahrt, schniefte sie eine ganze Packung
Taschentücher voll. Als ich parkte, war sie leer
geheult und zitterte nur noch ein wenig. „Nun erzähl
mal" forderte ich sie auf. Nach einer Art
Schweigeminute plätscherte es nur so aus ihr heraus,
ihr Blick war stur geradeaus ins Nichts gerichtet. „Ich
schäme mich so." Ohne sie anzusehen, streichelte
ich über ihre langen blonden Haare und ihre zarten
Schultern. „Dein türkischer Friseur und ich .... also
Altin, also Faruq und ich..." dann stockte nicht nur ihr
der Atem. Mit weit aufgerissenem Mund sah ich ihr

nun direkt in die immer noch verheulten Augen. „Also Altin und ich, wir hatten etwas miteinander. Ein paar Wochen lang habe ich gedacht, es könnte gehen. Er war so anders. Ich hab mich sofort in ihn verliebt. Ausgerechnet in ei-nen wie ihn!" Mir fehlten die Worte, dafür hatte sie noch ein paar mehr.

Bruchstückhaft erfuhr ich von ihrer Beziehung zum Berber. Zu MEINEM Altin. Darum all die Geheimnisse. „Ich habe mich geschämt. Von Anfang an war alles so anders und auch so komisch. So nah und gleichermaßen so distanziert. Dann war da diese andere Frau. Sie war schon vor mir da. Ist irgendwie eine Tochter von einem Freund seines Vaters oder so. Ich habe nichts geahnt. Er hatte immer nur gesagt, dass wir noch warten müssen. Sie lässt ihn nicht gehen und ich... ich kann nicht mehr. Darum habe ich Schluss gemacht."

Wie Schuppen fiel es mir von den Augen, ich setzte die Puzzle-Teile der letzten Zeit zusammen. Schweigend saßen wir einfach nur so da, fast eine Stunde lang, dann fuhr ich sie nach Haus.

Goldene Hände

Die Beichte meiner Freundin hatte ich zwar verinnerlicht, konnte die Story aber noch immer nicht fassen. Ich hielt es für das Beste, erst einmal Gedanken zu sortieren, Zeit ins Land gehen zu lassen und Altin später zu fragen, warum er ausgerechnet meiner Freundin Sandra das Herz brechen musste.

Heute war ich eh nicht in der Stimmung, Problemthemen zu wälzen. Bereits seit dem Aufstehen litt ich an ungewöhnlichen Kopfschmerzen, die in Abständen von Stunden pochend immer wieder kamen. Ungern nahm ich Tabletten, ging lieber an die frische Luft oder trank viel Wasser. Auch Kopfmassagen sollten bekanntlich helfen. Ich beschloss, nach Feierabend Altins - mir gegenüber mehrfach ausgesprochenes - Angebot anzunehmen. Es war zwar nicht *21 Uhr* am Abend (wie einst offeriert) sondern erst 18:30 Uhr aber ich wollte ihn bitten, mir das Pochen im Kopf mittels Massage weg zu zaubern. So wie auf dem eingerahmten Zeitungsartikel an der farbig getünchten Wand im Berbergeschäft.

Ich hatte Glück: obwohl der Laden proppenvoll war, saß auf Altins Frisierstuhl kein Kunde. Auch auf der breit gefliesten Fensterbank wartete niemand auf den Chef, der heute zur weißen Jeans ein rosafarbenes Kurzarmoberhemd trug. Das stand ihm aufgrund seiner dunklen Haut richtig gut. Nach einem *Hallo, wie geht's* winkte er mich ohne weitere Worte an seinen Arbeitsplatz heran. Er rollte das Garn ab und begann zu zupfen. *Deswegen war ich doch heute gar nicht hier…* dachte ich stumm. Ich ließ ihn gewähren. Während der Zupfprozedur erzählte ich von meinem quälenden Schmerz im Schädel. „Sag mal Altin, kannst Du mir meinen Kopf massieren? Ich hab schon den ganzen Tag so ein Dröhnen dort, fiese Schmerzen...“ Mein Berber lächelte betörend und blickte kurz über seine Schulter, als ob er prüfen wollte, wer ihm zuschaute.

Der konstante Besucherstrom, der bis eben in den Laden floss, wie der breite Bosporus bei Istanbul, riss plötzlich ab. Es waren nur noch zwei weitere Kunden im Laden. Die hockten bereits eingeschäumt unter blitzenden Klingen auf den Berberstühlen.

Ohne Worte zu verlieren, begann er, meine Schläfen zu massieren. Seine weichen Fingerkuppen übten dezenten Druck aus, während sie kreisend auf und nieder wanderten. Meine Augen waren geschlossen. Den Hinterkopf hatte ich an der Kopfstütze angelehnt. Am liebsten wollte ich seufzen, doch noch war der Schmerz nicht fort. Das Pochen verringerte sich allmählich. Altins zehn Fingerkuppen fühlten sich wie einhundert an der Zahl an. Mit unterschiedlicher Intensität massierend bahnten sie sich ihren Weg über meine Schädeldecke durch die Haare hindurch. Ich wusste nicht mehr, an welchem Punkt der Schmerz einfach fort war. Behutsam hob er meinen Hinterkopf von der Kopfstütze und klopfte meinen Nacken ab. Dass meine Freundin seinen Reizen zum Opfer gefallen war, konnte ich gut verstehen.

Erneut arbeiteten sich gefühlte abertausend sanfte Fingerkuppen mit leichtem Druck von dort aus durch meine Haare bis zur Stirn zurück. Diese berührte er unter meinem Pony sanft von innen nach außen entlang. Mir entfuhr ein kaum hörbares langgezogenes *mmmmmhhhh*.

Plötzlich verspürte ich ein leichtes Klopfen an meiner rechten Schulter. Während ich noch von einem Schauer an Gänsehaut überwältigt war, öffnete ich vorsichtig meine Augen. Verklärt schaute ich unter Neonlicht in den Wandspiegel und sah ihn, Altin. Er beugte sich herunter und raunte mir direkt in mein Ohr. "Na, wie war das, geht es Ihnen besser jetzt?" Ich hörte mich sagen: "Danke! Du bist nicht nur die *Goldene Schere*, Du hast auch goldene Hände…"

Die Sache mit den
kirchlichen Feiertagen

Kurz vor deutschen Feiertagen herrschte stets Hochbetrieb in der *Goldenen Schere*. Da war dann noch mehr Trubel als vor einem regulären Wochenende. Viele Kerle ließen sich ausgehfein barbieren: das Haar wurde fix kurz geschoren, der schnell nachwachsende, tiefschwarze Bart messerscharf gestutzt, buschige Brauen in Form gezupft.

Bisher kam es mir nicht in den Sinn, dass auch beim türkischen Berber deutsche Feiertage mit religiösem Hintergrund eine besondere Bedeutung haben...

Morgen stand also *Christi Himmelfahrt* an und bei der *Goldenen Schere* war richtig was los. Ich betrat *ALTIN MAKAS.* Der laute Bass der türkischen Popmusik war bis vor die Tür zu hören. Die große Ladenfensterscheibe wummerte im Takt. Auf der Fliesenfensterbank saßen drei Kunden mit dichtem, schwarzen Haar, die auf ihren Millimeter-Kahlschlag warteten.

Auf dem Berberstuhl hockte ein bis über beide Ohren eingeschäumter Typ in Jeans mit Trainingsjacke. Nach kurzer Begrüßung nahm ich auf der breit gefliesten Fensterbank Platz. Hier herrschte dichtes Gedränge. Mir blieben noch gefühlte 20 Zentimeter. Mit einem *Darf ich...?* quetschte ich mich irgendwie dazwischen. Heute war Partystimmung.

Irgendjemand drehte die Musik noch lauter auf, die kleinen Boxen krächzten und waren längst am Limit. Ohrenbetäubender melodischer Oriental-Beat sorgte für Atmosphäre. Altin und sein Kunde unterhielten sich in zur Musik angepasster Lautstärke über die anstehenden Feiertage und geplanten Partys am Abend.

Altin: "Morgen is Vatertag... dann is da noch Muttertag. Was gibs denn noch alles? Opatag?!"

Azubi: "Ey Alter, am Montag is auch frei!"
Altin: "Echt?"
Ich: "Morgen ist frei. Da ist *Himmelfahrt* und am
Montag ist *Pfingsten*."

Altin hielt die Klinge in die Luft, Rasierschaum tropfte
auf den Boden. Er schaute mich verdutzt an, als hörte
er davon zum ersten Mal.

Ich: "Das sind alles kirchliche Feiertage. Wir nennen
es nur *Vatertag*, weil viele Männer mit ihren Kumpels
losziehen und einen trinken. Doch Himmelfahrtstag,
das hat was mit Jesus und dieser uralten Geschichte
zu tun. Du weißt schon, damals..." Damit das nicht so
belehrend klang, schickte ich ein breites Lächeln bis
über beide Ohren hinterher.

Auf keinen Fall wollte ich ihm, einem Moslem, in
Klugscheißer-Manier die Bedeutung von Christi
Himmelfahrt beibringen. Während ich das dachte,
erklärte mir Altin, als könne er meine Gedanken
lesen: „Ey, das kenn ich doch aus meiner Religion.
Dort is das anders. Im Koran liest man auch über
Jesus. Der heißt da aber *Isa* und er war nich Gottes
Sohn sondern ein Prophet." Ich staunte nicht
schlecht.

Nach diesem verbalen Schlagabtausch über
Himmelfahrt legte der Berber Altin die Stirn tief in
Falten und den Kopf leicht schräg. Mit energetischer
Stimme verkündete er seine Idee einer
arbeitnehmerfreundlichen *Feiertags-Optimierung* in
Deutschland: "Ey Mann, die sollen die Feiertage doch
alle zusammen machen. Dann hat man wenigstens
länger frei. So is einen Tag frei, dann wieder arbeiten,
dann wieder irgendwann ein Tag frei. Sollen die doch
Vatertag, Muttertag und Jesustag hintereinander
machen. Das wäre doch gut oder?!"

Dieser *Pragmatismus* sorgte bei mir für einen
derartigen Lachanfall, dass mein Sitznachbar auf der
Fliesenfensterbank mir auf den Rücken klopfen
musste, bis ich wieder Luft bekam. Mein türkischer
Berber hatte soeben *Himmelfahrt* in *Jesustag*

umbenannt.

Machogehabe

Donnerstag, früher Abend, draußen dieses unbeschreiblich schöne Licht bevor die Nacht hereinbrach. Ich hoffte auf eine Chance zur Oberlippen-Haarentfernung per Fadentechnik. Ich war schon *überfällig*. Mein Bärtchen war gut sichtbar und die Haare piksig. Über meiner weiblichen Oberlippe sah es wie auf einem kleinen Stoppelacker aus.

Heute fand um 19:30 Uhr in meinem nahegelegenen Fitness-Studio der Yoga-Kurs statt, das war perfekt, um Haarentfernung und Sport zu verbinden. Mit meiner eingerollten Matte und der Sport-Tasche unterm Arm betrat ich die *Goldene Schere*. Als erstes fiel mein Blick zu Altin, mit einem Kopfnicken begrüßten wir uns. Ich stellte meine Standard-Einstiegsfrage: „Kann ich warten?" Sein Blick glitt fix über die gähnend leere, breite Fliesenfensterbank, dann zu seinem Kunden auf dem Berberstuhl. Dessen Haar war mit dem Rasiergerät bis auf 0,5 Millimeter gekürzt. Das konnte nicht mehr lang dauern. *Ja* kam vom Berber. Zufrieden nahm ich auf der Fensterbank Platz, legte meine Jacke unter den Po. Selbst im Frühling waren die Fliesen der Fensterbank kalt. Gleich würde der Frisierstuhl vor mir frei sein. Ein bisschen umher glotzen vertrieb mir die Zeit. Ein Typ mit Nato-Look-Hose und Tarnmuster-T-Shirt betrat den Laden. Die langen, lockigen dunkelblonden Haare waren über seinem muskulösen *Stiernacken* mit einem Gummiband zu einem Zopf gebunden. Die Ohren zierten etliche Strass-Ohrringe, die die gesamte Ohrmuschel *perforierten* sowie ein vom Ohrläppchen herab baumelnder Totenkopf. Er baute sich breitbeinig wie ein Türsteher oder Mitglied einer Rockergang im Türrahmen auf. „Hey, wer ist Faruq?" Faruq alias Altin legte die Rasiermaschine weg, reichte ihm die Hand. „Das bin ich." Der Typ schwang sich neben mich Wartende ebenfalls auf die Fensterbank. „Gut". Aus den Augenwinkeln musterte ich ihn. Er hingegen würdigte mich keines Blickes. Ein extrem intensiver, sportlicher Aftershave-Duft zog aus seiner Richtung in meine Nase. Unruhig tippte er mit beiden Fußspitzen im Takt zur türkischen Rap-Mucke auf den Boden. Stahlkappen zierten seine schwarzen Springerstiefel, das bollerte also richtig. Als nur wenige Minuten später der begehrte Berberstuhl frei wurde, machte Altin eine einladende Handbewegung - allerdings nicht in meine Richtung sondern in die des Bezopften. *Ach ja*, seufzte ich im Geiste und gestand Altin diesen kleinen Schnitzer in der Reihenfolge. Wenn schon ein neuer Kunde den Laden betrat, sich in Türstehermanier gleich im Eingang aufbaute und zackig nach dem Chef fragte, musste eine solche Vorzugsbehandlung drin sein. In Erwartung auf meine Yogastunde im An-schluss meines Berber-Besuchs war ich tiefenentspannt und genoss die Atmosphäre des Mikrokosmos. Ich beobachtete, lauschte und zelebrierte es, meinem türkischen Berber bei der Arbeit zu zusehen. Der Bezopfte wollte die Seiten über den Ohren weg-rasiert haben und wünschte eine Nassrasur. Altin wirbelte effektiv umher. Zum Schluss wurden per Feuerzeug die Haare aus den beringten Ohren geflammt. Die wucherten dort wie Unkraut. Diesem kleinen, für mich orientalischen Schauspiel sah ich gern zu.

Zwei Goldrand-Gläser türkischen, süßen Tee später war ich dran. Altin föhnte den Stuhl ab und die nächste einladende Handbewegung für den Chefberberstuhl galt mir. Er nahm sich Zeit. Immer wieder spürte ich, wie seine warmen, weichen zitronigen Finger den Schmerz über meiner Oberlippe besänftigten. Zart und mit leichtem Druck strichen seine Zeigefinger von innen nach außen. Jetzt wäre ein Moment, um ihn auf Sandra und ihren Herzschmerz anzusprechen. Doch Nein, auf schlechte Stimmung hatte ich auch heute keine Lust.

Während ich meinen Gedanken nachhing, fragte er aus dem Nichts heraus: „Heute Sport?" Sein Blick klebte an meiner Sporttasche, die Yogamatte hatte er noch nicht entdeckt, denn die lag eingerollt zu meinen Füßen zwischen Wand und Berberstuhl. Nickend sagte ich: „Ja, ich will heut noch zum Yoga." Er hielt inne, musterte mich wie eine Außerirdische im Spiegel vor uns und brummelte: „Ah so." Sicher dachte er jetzt an Räucherkerzen, Om-Mantren oder einfach nur an herumliegende Menschen, die einem Eso-Kult folgten. „Macht echt voll Spaß" war meine Reaktion und er schob nur noch ein weiteres *Ah so* hinterher, konzentrierte sich wieder voll und ganz auf das Stoppelfeld über meiner Lippe.

Immer wieder griff er zu neuen Garnstärken. Das flammende Band wirbelte umher, zog akribisch ein Haar nach dem anderen an der Wurzel heraus. Unter dem grellen Neonlicht entging ihm nichts.

Zwischenzeitlich füllte sich die breit geflieste Fensterbank mit neuen männlichen, schwarzhaarigen Kunden. Ich musterte Altin im Spiegel. Er war die Ruhe selbst. Ein Griff zur kleinen Spezialpinzette, wieder zum Garnfaden, nun gönnte er mir bereits die dritte Oberlippen-Streich-Massage-Einheit, wischte sich zwischendurch die Hände an der weißen Jeans ab. Aus den Augenwinkeln zählte ich vier wartende Kunden auf der Fensterbank.

Einer von ihnen empfand es wohl als unmöglich, auf seine Nassrasur oder Kühlschädel per Rasiermaschine zu warten. Er stand auf und lief fortan unruhig x-Mal im kleinen Laden zwischen den acht Berberstühlen wie auf einem Mini-Laufsteg auf und ab. Ich verfolgte ihn mittels der vielen Berberspiegel. Er schob mit der Fußspitze ab und an ein paar dunkle aufgetürmte Haarbüschel beiseite, ließ seine Autoschlüs-sel von einer Hand in die andere gleite, als wären sie eine Gebetskette. Mehrmals verließ er den Laden bis hinaus auf die Straße, kehrte aber sofort wieder zurück. Nach drei erneuten Eintritten blieb er im Türrahmen stehen und frotzelte lautstark zu Altin gewandt: „Ey Alter, machs Du jetzt auch Nägel oder was?!"

Ich schwieg und decodierte im Geiste die Anspielung auf *Maniküre*. Altin ließ sich nicht aus der Ruhe bringen und lächelte entwaffnend. Sein Blick ausschließlich auf mich, seine Kundin gerichtet. „Klar, Alter – wir machen alles! Unsere Tür is für alle offen." Ich war baff. Klasse, wie er mich verteidigte. Als der

Ungeduldige endgültig und kopfschüttelnd die *Goldene Schere* verließ, flüsterte ich Altin zu: „Hey, der Typ ist ja blöd. Der weiß nicht, dass Frauen auch Bärte haben.“

Weg

Vor der Tür der *Goldenen Schere* im Rotlichtviertel meiner Stadt war ein kleiner Menschenauflauf, es standen ziemlich viele Typen vor der großen Ladenfensterscheibe.

Sie diskutierten lautstark und fuchtelten energisch mit ihren Händen durch die Luft. Ich durchdrang den Pulk und das wirre Sprachgemenge aus Fremdländischem und betrat das kleine Berbergeschäft. Nach einem genickten Gruß in die Ladenmitte setzte ich mich auf die geflieste, kühle Fensterbank mit Blick auf Altins Arbeitsplatz. Ich legte meine Jacke ab. Meine Augen suchten *IHN*. Doch von *meinem* Berber war weit und breit nichts zu sehen. Nur die Musik hämmerte wie gewohnt türkische Beats aus den krächzenden Boxen unter der Decke. Hockte er mit Landsleuten palavernd in einem Hinterzimmer? Machte er Pause? Kaufte er einem fliegenden Händler ein neues Handy ab?

Eine gefühlte Ewigkeit lang beobachtete ich alles und jeden. Von Altin fehlte weiterhin jede Spur. Endlich fiel mir auf, dass sein Berber-Becken *verwaist* wirkte: kein Mobiltelefon auf der Ablage, keine Schale mit Rasierschaum und Pinsel, keine Rasiermaschine, kein kleines, buntes Handtuch. Sogar das schwarze Waschbecken war glänzend poliert. Als noch immer kein Altin in Sicht war, fragte ich endlich laut in das Surren der Rasiergeräte, Stimmengewirr und die Musik hinein: „Wo ist der Chef?" Für einen Moment herrschte beinahe gespenstische Stille. Alle hielten inne, nur die Musik plärrte weiter. Dann sagte endlich einer: "Der... is weg."

Was sollte das heißen: *IS WEG*? Minuten, Stunden, Tage, Wochen...? Ich hakte nach: "Ist er nur heute nicht da oder etwa im Urlaub?" Es folgte aus mehreren Berbermündern beinahe gleichzeitig "Nee... " und ich wieder "Ist er krank?" Wieder der Chor "Nee... ." Mir gingen die Ideen aus. Ich überlegte und schob nach: "Hat er den Laden verkauft oder ist er zurück nach Hause?"

Das darauf folgende kollektive *Nee* hatte ich bereits
erwartet und ein wenig zögernd schob ich eine letzte
Frage hinterher: "Ist ihm etwas... passiert?!..."

Bei *ALTIN MAKAS* lag ein unangenehmes Schweigen
in der Luft, das ich nur schwer ertragen konnte. Nur
türkisch Hip-Hop plärrte weiter. Besorgt starrte ich in
die Ladenmitte, als wäre er dort zu finden. Es folgte
ein erneutes *Nee*. Einer der altgedienten Berber
machte zwei Schritte auf mich zu. "Du, er is nich da.
Geh wieder." Das klang weder unfreundlich noch
bedrohlich sondern kurz-knapp-neutral, wie ein gut
gemeinter Tipp oder auch eine dezente Aufforderung.
Ohne viel nachzudenken, schnappte ich meine Jacke
und stürmte raus aus dem kleinen Berberladen. Raus
auf die Straße, raus ins Rotlichtviertel.

Meine schnellen Schritte dröhnten in meinen Ohren.
Ohne mich nochmal umzudrehen, marschierte ich in
Richtung Einkaufsmeile in der Innenstadt und verließ
die Amüsiermeile.
Nach 5 Minuten blieb ich ein wenig atemlos vor einem
edlen Schuhgeschäft stehen. Meine Blicke klebten
gedankenverloren an hohen, exquisiten Pumps mit
Silberschnalle. Ich wollte meine Gedanken sortieren.
In meiner Fantasie rasten die Bilder umher. Das
ergab keinen Sinn. Bis vor zehn Tagen war alles wie
immer gewesen. Mein Kopfkino lief auf Hochtouren:

1.
Altin hatte verschwinden müssen,
weil er mit Hehlerware in einem
Ladenhinterzimmer gedealt hatte

2.
Altin hatte die Tochter des Freundes
seines Vaters geheiratet und war
tief in den Osten der Türkei zurück
gegangen

3.
Altin wurde wegen Vandalismus
verhaftet, weil er in einer Disco

ein Springmesser gezogen und
Sachschaden verursacht hatte

Die möglichen, in meiner Fantasie erdachten, Gründe
für sein plötzliches Verschwinden wurden immer
bizarrer…

Die silberne Schnalle am Schuh im Schaufenster
verwandelte sich in meiner Fantasie zu einer
messerscharfen Klinge. Ich zuckte regelrecht
zusammen. Um das Bild los zu werden, schüttelte ich
heftig mit dem Kopf.
Eine Frau, die ebenfalls vor der Schaufensterscheibe
des Schuhgeschäftes stand, fragte mich, *ob ich die
hohen Schuhe mit der schönen Schnalle nicht auch
schön finde* und zeigte auf jene Pumps.
Gedankenverloren stotterte ich: "Äh, welche
Schuhe?"

Ich beschloss, Altins plötzliches und unerwartetes
Verschwinden erst mal zu verkraften und fuhr nach
Hause.
Dort angekommen setzte ich mich wie in Trance vor
den Computer und gab *Goldene Schere* in die
Suchmaschine im Netz ein. Zu meinem Erstaunen
blinkten da gleich jede Menge Ergebnisse auf. Die
Liste der türkischen Friseurläden schien endlos. Ich
fügte den Namen meiner Stadt hinzu. Zu meiner
Verwunderung tauchte *keine Suchergebnisse* auf.

Ein paar Tage später fuhr ich noch einmal in die
Innenstadt. Zielstrebig lief ich auf die *Goldene Schere*
zu. Vergeblich suchten meine Augen die schrille
Neonreklame, azurblaue Buchstaben auf
sonnengelbem Untergrund, daneben die riesengroße
Schere. Da, wo bis vor kurzem mein türkischer Frisör
gewesen war, hatte ein Sexshop eröffnet. Ich war
sprachlos. Es war fast so, als hätte mein Berber
Faruq alias Altin niemals existiert.

Instinktiv und *in memoriam* an seine zarten,
rauchigen Zitronenhände fuhr mein Zeigefinger wie in
Zeitlupe über die stoppelige Oberlippe.

Das flammende Band zwischen ihm und mir gab es

nicht mehr. Ich vermisste ihn schon jetzt. Monate
später, mein Damen-*Schnurri* war längst wieder
vollends nachgewachsen, fasste ich den Entschluss,
es noch einmal dort mit der Haarentfernung zu
versuchen, wo alles begann: beim Kuaför, in Hatices
Salon der Eitelkeiten, unweit der *Goldenen Schere.*

Dort einen Termin zu erhaschen, war gar nicht leicht.
Mit 8 Tagen Vorlauf hatte ich geplant. Nun nahm ich
endlich auf dem weißen Ledersofa mit Blick auf das
Kuaför-Geschehen platz. Der Marmorboden glänzte
wie verrückt, kein einziges schwarzes Haar verirrte
sich auf dem blitzblanken Marmor-Boden.

Da saß ich nun auf dem braunen Ledersofa und
glotzte *Türkisch MTV.* Mein Blick scannte den
großzügigen, modernen Frisiertempel. Eine Frau mit
dichter, langer beneidenswert schwarzer Mähne ließ
sich in diese wunderschön glänzenden Haare zarte
Strähnchen in dunkelrot setzen. Ihre Haarpracht
reichte fast bis zur Hüfte. Mit den Fingern fuhr ich
durch mein eigenes dünnes, köterblondes und nur
schulterlanges Haar. Das entlockte mir einen kleinen
Seufzer. Dann sorgten wiederum die bunten Musik-
Videos auf *Türkisch MTV* für meine Aufmerksamkeit.
Dort tanzten dunkelhaarige, rassige Schönheiten mit
knappen Tops und ellenlangen Beinen in Hot-Pants
zu flotten Beats. Meine Füße wippten im Takt. Hier
war alles anders, kein Vergleich zum Mikrokosmos
der *Goldenen Schere.* Kein Tee aus dem Samowar,
keine Wanduhr mit Scherenzeigern in der Mitte des
Kupfertellers. Direkt neben dem riesengroßen
Plasma-Bildschirm hatte ein junger Berber seinen
Frisierstuhl. Ich traute meinen Augen kaum: da stand
er, *mein* Altin! Mit einem Rasiergerät schor er einem
Herren im Anzug den Schädel bis auf die berühmten
2 Millimeter kahl.

Es dauerte einige Minuten, bis er mein Starren
endlich bemerkte. Zu sehr war er in seine Arbeit
vertieft, widerspenstiges, schwarzes Haar in Form zu
bringen. Da war es wieder, dieses breite Grinsen.

Als ich zu ihm hinübergehen wollte, bat mich Hatice

zu sich in den separaten Raum auf den
Kosmetikstuhl.

-ENDE-

Nachwort

Und was wurde nun aus Altin? Der arbeitete fortan beim Schickimicki-Kuaför, hatte seinen Laden von heute auf morgen einfach verkauft.

Was wurde aus Sandra und ihrem gebrochenen Herzen? Sie vergoss noch so manche Träne, verliebte sich dann aber ganz schnell neu.

Und mein Schnurri? Ich beschloss, nach weiteren Alternativen zu suchen. Eines Tages zog in einer nahe gelegenen Fußgängerzone eine orangefarbene Leuchtreklame mit einem witzigen Wortspiel meine Aufmerksamkeit auf sich: *Lass waxen statt wachsen!*

Danke (Teşekkürler)

Bine, fürs unermüdliche *Schubsen* in eine Richtung und die Hilfe

Sandy, fürs *Querlesen* und kreative Diskussionen

Anni, meiner treuen *Testleserin* der ersten Stunde

Katrin, für die hilfreiche *Breitseite*, die Profi-Kritik

meinem **Kerl**, der sich jedes Kapitel gefühlte *1001 Mal* angehört hat